マンション管理の
トラブル解決

Q&A

改正マンション
標準管理規約・
民泊新法
対応

【共著】
犬塚　浩
永盛　雅子
和久田玲子
吉田可保里
久保　依子

ぎょうせい

◆◆はしがき◆◆

　戸建住宅と異なりマンションには多数の人達が共存して暮らしています。
　大きな団地になると数百世帯に達する規模のものもあり、さながら「1つの街」と言えましょう。
　その一方で、近接するそれぞれの生活をどのように調整していくのか、どのように共存を図っていくのか、生活習慣・価値観の異なる人達との間での調整は決して簡単なものではありません。
　この点、区分所有法は最低限の規定しかしておらず、基本的にマンションにおける自治に委ねるのが基本的なスタンスです。
　そこで、管理規約、使用細則を定め、ルール作りをする必要があるのですが、法律に違反しない限り規約の内容は自由に定めることができ、使用細則の内容も画一的なものではありません。また、初めてマンションに居住する人にとっては、管理規約や使用細則が定められていたとしても馴染みが薄く誤解が生じることがあります。それが近隣トラブルの原因ともなります。
　本書の特徴は、マンション管理に精通した弁護士とマンション管理業者としての現場の第一線で取り組んでいる方が共同で執筆したことです。
　法律に沿った解釈は大切ですが、その一方でマンションに起こり得る多種多様な事情に的確に回答するためには、マンション管理の現場で長年精通したプロフェッショナルの存在が不可欠です。
　そこで、国土交通省の委員などを歴任される大和ライフネクスト株式会社の久保依子様の協力を得て、多種多様なQ&Aを作成し、専門家にはもちろん、マンションに居住される人にも分かりやすいQ&Aを作成しました。
　また、今回はWeb付録として、ペット使用細則、防犯カメラシステ

ム運用細則、ゲストルーム使用細則のほか、外国人居住者を念頭に置いた「共同生活のルール」「消防設備点検」について英語と中国語版を作成しました。

東京オリンピックに向けて観光客が増大することを念頭に置いた民泊に関して「禁止の掲示」「規約規定」「使用細則」を掲示しました。

本書は従来のマンション管理の書物の中でも最もアップツーデートな問題により綿密な検討を加えた書物であると自負しております。

本書がマンション管理に携わる様々な方々にとって有益なものとなることを心より願っております。

最後に、執筆をしてくださった和久田玲子先生、吉田可保里先生、永盛雅子先生並びに久保依子様には執筆者代表として心よりお礼を申し上げます。

平成30年1月

弁護士　犬　塚　　　浩

◆◆目　　次◆◆

はしがき

第1章　マンションの場所・機能のトラブル

第1-1　バルコニー …………………………………………………… 2

Q1 〈バルコニーでの喫煙〉 ……………………………………… 2

　　バルコニーでの喫煙に対して、他の住戸から以下のような状況なので喫煙をやめさせてもらいたいという要望が管理組合に寄せられています。組合としては何ができますか。
　　・自分のバルコニーで布団や洗濯物を干している時に、灰が飛んできて困るし、吸殻が落ちてきて危険である。臭いも不快である。
　　・自分の部屋に煙が入ってくるので、喘息の症状が悪化して困っている。

Q2 〈バルコニーに物を置くこと〉 ……………………………… 4

　　① ある住戸の住民がバルコニーの避難ハッチの降下部分に植木鉢などを置いており上階から避難できないことが分かりましたが、撤去（又は移動）に応じてくれません。管理組合が撤去することはできますか。
　　② また、万が一火災が発生し、上階の住民が避難できなかったら、管理組合にも責任が生じますか。

第1-2　駐車場 ………………………………………………………… 7

Q3 〈敷地内の無断駐車車両〉 …………………………………… 7

　　マンションの敷地内の空地に、数か月間無断で駐車している車両があります。移動させるにはどうしたらよいでしょうか。

Q4 〈豪雨による車両の冠水〉 …………………………………… 9

　　集中豪雨でマンションの機械式駐車場（共用部分）の地下部分に駐車していた車両が冠水し、車両に損害が発生しました。管理組合に責任はあるでしょうか。

Q5 〈機械式駐車場の埋戻し〉 ………………………………… 12

　　ピット式の機械式駐車場が空いています。車を持つ人が減ったことや車高の高さ、重さや大きさの制限があることが原因です。機械の維持管理費用も高いので、機械を撤去して埋め戻し、台数は減っても使いやすい平置き駐車場にする場合は、どういう点に注意すべきでしょうか。

Q6 〈機械式駐車場故障によるタクシー代金賠償〉 ………… 14

　　共用の機械式駐車場が故障し、丸一日入出庫できなくなりました。駐車場利用者から車両が使用できなかったので、タクシーを使用したとしてタクシー代を請求されています。管理組合は払わなければなりませんか。

Q7 〈駐車場利用者の決め方　1〉・・・・・・・・・・・・・・・・・・・・・・・・・・・・・・・・17
　　今まで駐車場の利用者の決め方は、「空きの順番待ち」にしていましたが、「総入替え方式」にしてはどうかという意見が出ています。
　①　変更する場合は、使用細則を変更することで足りますか。
　②　また、今の利用者に特別の影響を及ぼすことになるでしょうか。

Q8 〈駐車場利用者の決め方　2〉・・・・・・・・・・・・・・・・・・・・・・・・・・・・・・・・19
　　「総入替え方式」のメリット・デメリットは何ですか。

Q9 〈障害者用駐車場の利用者〉・・・・・・・・・・・・・・・・・・・・・・・・・・・・・・・・・21
　　当マンションには駐車場条例により、障害者用駐車場が設置され、使用細則には障害者に使用させると記載されています。
　　障害者手帳を持っていない高齢者の方から、歩行が困難であることを理由に利用申請がありましたが許可してもよいでしょうか。
　　また、知的障がいの子供を持つ方の場合はどうでしょうか。

Q10 〈一部の駐車場使用料の値上げ〉・・・・・・・・・・・・・・・・・・・・・・・・・・・23
　　当マンションには、総戸数の約半分の機械式駐車場区画があり現在空きはありません。分譲当時に、販売主が「駐車場が月額100円から！」とうたって分譲がなされ、100円で利用できる3区画が抽選によって利用者が決まっています。
　　そのため、現在100円の区画と1万円の区画があります。周辺の相場も1万円程度のようです。100円ではあまりに不公平なので、1万円に変更したいのですが、100円の区画の人は応じてくれません。変更することはできないのでしょうか。

第1-3　その他共用部分・・25
Q11 〈植栽・生垣の変更〉・・・・・・・・・・・・・・・・・・・・・・・・・・・・・・・・・・・・・25
　①　敷地周囲に生垣がありますが、枯れてしまっており、維持管理も大変なので、撤去してブロック塀にしようという案が出ています。どのような決議が必要ですか。
　②　植栽帯のケヤキの木が大きくなったので、1本ずつの間隔を大きくするため、間引き（間伐）をしようという案が出ています。どのような決議が必要ですか。

Q12 〈管理員居住戸の貸出し〉・・・・・・・・・・・・・・・・・・・・・・・・・・・・・・・・・27
　　住込み管理から通勤管理に変更し、管理員の居住用だった独立した住戸（共用部分）を、第三者へ貸し出すことはできますか。

Q13 〈敷地の境界確認〉・・・・・・・・・・・・・・・・・・・・・・・・・・・・・・・・・・・・・・29
　　隣地から敷地の境界確認を求められ測量したところ、登記簿記載の面積より何㎡か減ってしまう結果になりました。理事長が、隣地との境界確認書に署名捺印してもよいですか。なお、今まで境界確認書類は取り交わされていませんでした。

Q14 〈宅配ボックスと郵便受けの中の物の扱い〉・・・・・・・・・・・・・・31
　①　長期に宅配ボックスに入ったままの荷物があり、他の方の利用に支障をきたしています。どうしたらよいでしょうか。

② 長期不在のようで、集合郵便受けからチラシやDM、郵便物があふれ出しています。美観も悪いので、抜き取ってもよいでしょうか。
　Q15 〈施設の設置又は撤去〉・・・・・・・・・・・・・・・・・・・・・・・・・・・・・・・・33
　　① 屋上にあった電波障害対策施設が不要になったので撤去したいと思います。どのような決議が必要でしょうか。
　　② 屋上に携帯電話のアンテナ施設を設置したいと考えています。どのような決議が必要でしょうか。

第1-5 セキュリティ・・・35
※訂正: 第1-4

　Q16 〈警備契約の共用・専有部分の一括契約〉・・・・・・・・・・・・・・・35
　　　組合で、共用部分と専有部分の警備を一括で契約する予定で、総会の普通決議で予算及び契約締結について承認を得ました。しかし「私は不要なので設備の設置も不要であるし、費用の支払いもしない。」という区分所有者がいます。どう対応したらよいでしょうか。
　Q17 〈玄関ドアの鍵の紛失〉・・・・・・・・・・・・・・・・・・・・・・・・・・・・・・・37
　　　玄関ドアの鍵をどこかに落として紛失したと区分所有者から申し出がありました。その鍵はエントランスのオートロック解除ができますので、拾った人が当マンションに侵入することが可能です。そのため、全戸の鍵交換の費用負担を、当該区分所有者に求めることはできますか。

第1-5　電　　　気・・・39

　Q18 〈高圧一括受電方式への変更〉・・・・・・・・・・・・・・・・・・・・・・・・・39
　　　マンションの電気代が安くなるという高圧一括受電方式を検討しています。制度、切替え方法、注意点を教えてください。
　Q19 〈住戸の電気容量の増量〉・・・・・・・・・・・・・・・・・・・・・・・・・・・・・41
　　　ある区分所有者がIH家電を使用するため、契約電気容量を40Aから60Aに増量しようとしたところ、マンション全体の容量が不足しているので増量できないと電力会社からいわれました。他に増量してIHを利用している住戸が他にあるのに、不公平だからなんとかしてくれといわれています。どうしたらよいでしょうか。

第1-6　組合と住戸・・・43

　Q20 〈住戸内への立入り〉・・・・・・・・・・・・・・・・・・・・・・・・・・・・・・・・・43
　　① 消防用設備点検に際し、住戸内への入室を拒否し10年以上点検がされない住戸があります。組合が強制的に立ち入ることはできますか。
　　② 漏水事故が発生したため、上階の住戸内へ立ち入って調査や作業をしたいが入室を拒否されて困っている、と下階の所有者から相談をされました。どうしたらよいでしょうか。
　Q21 〈住戸内での作業、設置の強制〉・・・・・・・・・・・・・・・・・・・・・・・46
　　① 組合で、排水管清掃を1年に1度一斉に行っていますが、10年以上清掃をしていない住戸があります。強制的にできますか。

② ガス検知器（ガス漏れ警報器）をはずしている住戸があります。設置を強制できますか。

　　Q22〈リフォームの同意〉・・・・・・・・・・・・・・・・・・・・・・・・・・・・・・・・・48
　　　　リフォームする場合には隣接住戸（上下、左右、斜めの原則8戸）所有者の同意書を添付して理事会に申請し理事長の承認を得るという使用細則があります。一つの住戸がどうしても同意してくれないので、除外して承認してほしいと理事会に相談がありました。どうしたらよいでしょうか。

第1-7　誰が管理・修繕するか・・・・・・・・・・・・・・・・・・・・・・・・・・・・・50
　　Q23〈排水管・ジョイント部分〉・・・・・・・・・・・・・・・・・・・・・・・・・・・50
　　　　排水管の本管（いわゆる縦管）、枝管（いわゆる横管）及びジョイント部分（継手）は誰が管理や修繕するのでしょうか。

　　Q24〈玄関ドア、サッシ、シャッター等に付随するもの〉・・・・・・・・・・52
　　　　次の部分は誰が管理や修繕するのでしょうか。
　　　　① 玄関ドアのクローザー（ドアの上部にあって開閉の測度等を調整する部品）
　　　　② 玄関ドアの横にある新聞受け
　　　　③ 住戸内に設置された、共用部分であるシャッター（雨戸又は防犯用）の開閉のための住戸内操作スイッチの不具合
　　　　④ 窓ガラス、サッシの戸車、クレセント
　　　　⑤ メールボックスのダイヤル部分の壊れ
　　　　⑥ 外壁のFIX窓（開閉できない窓）、ガラス庇

第2章　ルール・運営組織・組合員の情報に関するトラブル

第2-1　総　　会・・・56
　　Q25〈総会招集通知の手違い〉・・・・・・・・・・・・・・・・・・・・・・・・・・・・・56
　　　　総会の招集通知と議案書を現在の区分所有者ではなく、前区分所有者に送付してしまいました。招集通知等を送付する直前の区分所有者の変更だったため、誤って前の所有者に送ってしまったようです。総会は例年通りの議題のみで、出席者全員の賛成により何事もなく終了しましたが、新しい区分所有者から、総会の決議は無効だと主張されています。決議は無効なのでしょうか。

　　Q26〈議事録署名人の不足〉・・・・・・・・・・・・・・・・・・・・・・・・・・・・・58
　　　　総会を開催したところ、ほとんどの区分所有者が委任状により議決権を行使し、実際に総会に出席したのは、議長ともう一人のみでしたが、総会決議は有効ですか。また総会議事録には、議長のほかに2名の署名が必要だそうですが、どうしたらよいでしょうか。

　　Q27〈総会開催請求のための名簿閲覧請求〉・・・・・・・・・・・・・・・・・60
　　　　私は、区分所有者です。現在の理事長が横暴で、その他の理事もそれを黙認し

ているため、何名かの区分所有者を募り、総会を開催して、理事長及び理事を交代することを考えていますが、理事長が区分所有者名簿を閲覧させてくれず、総会の招集通知の送り先が分かりません。何か方法はありませんか。

Q28 〈議案書にない議案の議決の可否〉・・・・・・・・・・・・・・・・・・・・・・・・62

総会の場で、出席したある区分所有者から緊急動議がなされ、議案書にない議題の提案がありました。どのように対応したらよいでしょうか。

Q29 〈車いすレール設置のために総会決議がすぐほしい〉・・・・・・・・・・・64

交通事故に遭い、車いすで生活しなければならなくなりました。そのため、自宅マンションの専有部分に車いすへの移動用のレールを設置したいのですが、その設置には、共用部分である床に小さな穴を開けなければなりません。共用部分である床のコンクリートに穴を開けることになるので、「共用部分の変更」にあたり、総会決議の承認が必要だといわれました。次の総会が開催されるまで半年以上あるのですが、それまでレールを設置することはできないのでしょうか。

Q30 〈監事の署名押印のない監査報告〉・・・・・・・・・・・・・・・・・・・・・・・・・66

総会での収支決算報告を行うため、監事に監査をお願いしましたが、監査報告書への署名押印を得ることができませんでした。
この場合に総会の招集手続をすることはできますか。

Q31 〈監事の欠員〉・・・68

当マンションの規約では、監事を1名置くことになっています。今期の監事が期の途中でマンションを売却し、組合員でなくなることになりました。
次の定期総会はまだしばらく先なので、理事の一人が監事を兼任するか、監事を置かないままにしたいのですが、問題でしょうか。

Q32 〈理事の選任と輪番制〉・・・・・・・・・・・・・・・・・・・・・・・・・・・・・・・・・・70

私のマンションでは、理事は輪番制で決めるのが慣習なのですが、輪番制とすることは管理規約に定められたルールではありません。
理事としてふさわしくない組合員が理事に立候補するような場合に、輪番制を理由にその候補者を排除することはできますか。
また、理事としてふさわしくない組合員が理事として選任されないためのよい方法はありませんか。

Q33 〈管理組合の資産〉・・・・・・・・・・・・・・・・・・・・・・・・・・・・・・・・・・・・・72

電話加入権が管理組合の資産として計上されています。昨今、電話加入権は売買価値もなくなっていることから、管理組合の資産としないようにしたいと思います。どのようにしたらよいですか。

第2-2 理事会・・73

Q34 〈理事の責任〉・・73

理事長が管理組合の資金を横領してしまいました。他の理事や監事が責任を問われることはありますか。

Q35〈理事の代理出席〉・・76
　　マンション管理士である区分所有者を理事と選任しています。理事会に本人の配偶者が代理人として出席してきましたが、認められますか。

Q36〈外部専門家の理事選任〉・・・・・・・・・・・・・・・・・・・・・・・・・・・・・・・・78
　　住民に高齢者が多くなり、賃貸に出して区分所有者自身は居住していない住戸もあり、理事のなり手が少なく困っています。今後、大規模修繕や建替え等の課題もあるので、区分所有者以外の外部の専門家を理事として選任することを検討しています。どのような点に気を付ければよいでしょうか。

Q37〈理事会の成立・理事会への参加〉・・・・・・・・・・・・・・・・・・・・・・・・80
　　規約では理事の人数が10名と規定されていますが、なり手がなく8名のみが総会で選任されました。これで理事会を運営して問題ないでしょうか。

Q38〈理事の報酬〉・・・82
　　理事の報酬はどの程度が適当ですか。制限はありますか。

第2-3　管理規約・・84

Q39〈分譲時の規約承認書がない〉・・・・・・・・・・・・・・・・・・・・・・・・・・・・・84
　　分譲時に、管理規約を全員合意したことを示す承認書（合意書等の名称で分譲主が通常購入者から受領する書面）が全戸分ありません。分譲時の規約が成立していないことになりますか。

Q40〈宗教団体、政治団体排除の規約〉・・・・・・・・・・・・・・・・・・・・・・・・・86
　　暴力団員に貸与することを制限する規定が標準管理規約19条の2にありますが、宗教団体や政治団体関係者に対しても同様の規定をすることはできますか。

Q41〈入居前の規約変更の有効性〉・・・・・・・・・・・・・・・・・・・・・・・・・・・・・88
　　竣工してからも長く販売されていた新築マンションの最後の住戸を購入したのですが、入居した時には、先に購入した区分所有者が総会決議で管理規約を改正しており、購入時に事業主から渡された管理規約と異なっていました。改正された規約に納得がいかないのですが、無効とすることができますか。

Q42〈団地型規約への変更〉・・・・・・・・・・・・・・・・・・・・・・・・・・・・・・・・・・・90
　　数棟の建物が一団地敷地内にある団地型マンションです。現在の管理規約が、単棟型の標準管理規約をもとに作成されています。今から団地型に変更することはできますか。

Q43〈決議要件の変更〉・・・・・・・・・・・・・・・・・・・・・・・・・・・・・・・・・・・・・・93
　　意見が割れそうな総会議案があります。普通決議で足りる議案ですが、後々のトラブルを防止するため、特別決議議案としたいと思いますが、可能でしょうか。

第2-4　組合運営と責任・・・・・・・・・・・・・・・・・・・・・・・・・・・・・・・・・・・・・95

Q44〈構造計算書がない〉・・・・・・・・・・・・・・・・・・・・・・・・・・・・・・・・・・・・95

耐震偽装や杭データ偽造事件があって不安になったのですが、構造計算書が組合には保管されていません。今から入手できますか。

Q45 〈管理組合法人をやめたい〉・・・・・・・・・・・・・・・・・・・・・・・・・・・・・97

マンションの管理組合法人です。理事長が変わるたびに登記をすることが煩雑なので、管理組合法人をやめたいと思いますが、可能ですか。

Q46 〈AEDが使えなかった責任〉・・・・・・・・・・・・・・・・・・・・・・・・・・・99

マンション内で急病人が出ました。エントランスにAEDがあるのですが、その場に駆け付けた管理員も理事もAEDを使うことができませんでした。急病人の遺族の方から、AEDが使えたら助かったはずなのに使用できなかったのは、管理組合に責任があるのではないかと言われています。管理組合は、どのような責任を負うのでしょうか。

Q47 〈元権利者と分譲購入者との不仲〉・・・・・・・・・・・・・・・・・・・・・100

建替えによる新築マンションを分譲会社から購入しました。旧マンションの権利者（元の権利者）であった方々が、一般購入者より先に居住しており、元の権利者が既に管理組合の理事会を運営していました。元権利者の意向で理事会運営がされていることが不満です。
もう一つ別の管理組合又は理事会を作ることはできますか。

Q48 〈暴力団（員）が区分所有者であるときの対応〉・・・・・・・・・・・102

標準管理規約では、暴力団員に貸与することを排除する規定がありますが（19条の2）、暴力団（又はその団員等）が区分所有者であることを排除できる規定はありません。何故でしょうか、またどうしたらよいでしょうか。

第2-5　個人情報・・・・・・・・・・・・・・・・・・・・・・・・・・・・・・・・・・・・・・104

Q49 〈改正個人情報保護法への対応①〉・・・・・・・・・・・・・・・・・・・・・104

平成29年5月30日から、改正個人情報保護法が施行になりました。管理組合にはどのような影響があるでしょうか。

Q50 〈改正個人情報保護法への対応②〉・・・・・・・・・・・・・・・・・・・・・106

改正個人情報保護法に対して、Q49（P.104）のような義務があることは分かりました。実務的な対応についてアドバイスをお願いします。

Q51 〈国勢調査、不動産業者等への回答〉・・・・・・・・・・・・・・・・・・・109

① 国勢調査の実施に際し、調査員から管理組合及び管理員に、世帯の居住の有無、居住者の氏名、人数等を回答するよう求められました。個人情報の取扱い上、問題はありますか。
② 区分所有者から住戸の売却の依頼を受けた仲介の不動産業者から管理会社に対して、当該住戸の管理費等の滞納額を教えてほしいと言われていますが、管理会社は教えてよいのでしょうか。

Q52 〈防犯カメラ画像取扱い〉・・・・・・・・・・・・・・・・・・・・・・・・・・・112

住戸で盗難事件があり、区分所有者からエレベータ、エントランス等に設置し

ている防犯カメラを再生し、その画像又は写しを警察に提供したいと、理事会に依頼がありました。どうしたらよいでしょうか。

第3章　金銭に関するトラブル

第3-1　管　理　費 …………………………………………… 116

Q53〈滞納管理費の回収〉……………………………………… 116

管理費を滞納している区分所有者が多くて困っています。回収するにはどのように督促すればよいですか。

Q54〈理事長自身が管理費を滞納している場合〉…………… 118

管理組合の理事長Aさんが管理費を滞納しています。Aさんに対して訴訟を提起したいのですが、管理規約では理事長だけに訴訟を提起する権利があるため、このままでは訴訟ができません。どうしたらいいですか。

Q55〈滞納管理費の遅延損害金〉……………………………… 120

管理費の滞納額に対する遅延損害金は何％が適当ですか。

Q56〈管理費滞納者の名前の公表〉…………………………… 121

管理費の督促を目的に、マンションの掲示板に滞納者の氏名を公表したいのですが、名誉毀損になりますか。

Q57〈駐車場使用料の特定承継人への請求〉………………… 123

区分所有者に駐車場を貸していましたが、その区分所有者は駐車場使用料を滞納したまま、家を売却してしまいました。新しい区分所有者に滞納した駐車場使用料を請求できますか。

Q58〈管理費のクレジットカード支払〉……………………… 125

管理費をクレジットカードで支払うことはできますか。

Q59〈管理組合口座の名義〉…………………………………… 127

管理組合の通帳の口座名義が旧理事長のままであることがわかりました。旧理事長はすでに部屋を売却して区分所有者ではありません。もし、旧理事長が破産した場合、管理組合の口座は差押えの対象になりますか。

第3-2　不在者等の管理費 …………………………………… 129

Q60〈区分所有者の死亡後、相続人がいない場合〉………… 129

マンションの区分所有者が死亡しました。相続人もいないようです。管理費等も滞納のままです。どうすればよいですか。

Q61〈区分所有者が認知症となった場合〉…………………… 131

マンションの区分所有者が認知症になり、長期に管理費を滞納しています。親

族の連絡先も分かりません。どうすればよいですか。

Q62 〈行方不明の区分所有者〉･････････････････････････ 132
区分所有者が行方不明になっています。管理費等も滞納したままです。どうしたらよいですか。

第3-3 税金・収益事業 ･････････････････････････････ 133
Q63 〈区分所有者以外への駐車場の賃貸〉･････････････ 133
① マンションの駐車場は区分所有者が使用することになっていますが、賃借人も使用できますか。この場合、管理組合が貸すのでしょうか。
② マンションの駐車場が空いているので、近隣の方に直接貸したいのですが、どうすればよいですか。

Q64 〈携帯電話基地局の設置〉････････････････････････ 136
マンションの屋上に携帯電話の基地局を設置することを検討しています。設置したら税金を支払う必要がありますか。

第4章 日常生活のトラブル

第4-1 ごみ・放置物 ･･････････････････････････････ 140
Q65 〈放置自転車の処分〉･･･････････････････････････ 140
長期にわたり自転車置き場に自転車が放置されています。タイヤもパンクしており、どう見ても使用されていません。管理組合が処分してもよいでしょうか。

Q66 〈廊下へあふれたごみの廃棄〉･･････････････････ 142
ごみ屋敷になっている住戸があります。そのごみが共用廊下にあふれていますが、管理組合がごみを強制的に廃棄できますか。

Q67 〈ごみ置き場にあるごみ袋の開封〉･･････････････ 144
① ごみ置き場のごみ袋から焼き鳥の串が見え、今にも袋を突き破りそうです。危ないので、ごみ袋を開けて串を取り出したいのですが、問題はありますか。
② ごみを分別しないで出す人がいます。廃棄されたごみ袋を開けて誰なのか特定したいのですが、袋を開けて中を確認する行為は問題がありますか。

第4-2 迷惑行為 ････････････････････････････････ 146
Q68 〈マスコミの取材が来た場合〉･････････････････ 146
区分所有者に芸能人がいます。スキャンダルがあったらしくテレビクルーや取材記者でマンション前が騒がしく、居住者にマイクを向けるので買い物にも出られず困っているとの苦情が来ています。マスコミに取材を止めてもらうことはできますか。

Q69〈野良猫の餌付け〉・・・・・・・・・・・・・・・・・・・・・・・・・・・・・・・・・・・・・148

　敷地内で野良猫に餌付けをする人がいます。やめさせるにはどのようにしたらよいですか。

Q70〈駐車違反に対する罰金請求〉・・・・・・・・・・・・・・・・・・・・・・・・150

　マンション駐車場の車路に駐車する車両があるため、「迷惑駐車をした場合は罰金1万円を申し受けます」との掲示を考えています。実際に違反者に対して罰金を請求できますか。

第4-3　ペット・・・151

Q71〈ペット飼育可能への管理規約変更〉・・・・・・・・・・・・・・・・151

　現在の管理規約はペット飼育禁止となっていますが、ペットの飼育を可能にする管理規約に変更したいと思います。どのような内容にしたらよいですか。

Q72〈ペット飼育禁止の違反行為〉・・・・・・・・・・・・・・・・・・・・・・・・152

　管理規約ではペットの飼育を禁止していますが、規約に反して飼育している人がいます。どのように対応したらよいですか。

Q73〈ペット飼育禁止規約の罰金規定〉・・・・・・・・・・・・・・・・・・・154

　当マンションでは管理規約でペット飼育を禁止しています。ペットを飼育したら罰金を課すことにした場合、その効果は見込めますか。

Q74〈ペット飼育禁止規約の不徹底による管理組合の責任〉・・・・・・・156

　当マンションではペット飼育禁止規約が定められていますが、これまで理事会ではペット禁止を強く注意していませんでした。この状態でペットによる噛みつき等の傷害事故が起きた場合、管理組合が責任を負うことになりますか。

Q75〈ペット飼育禁止マンションでのペットの持ち込み〉・・・・・・・158

　ペット飼育禁止のマンションで、ある区分所有者の親族が犬を連れて来訪しています。飼っているわけではないが、ペット飼育禁止規約では「持ち込み」も禁止しているとされるのでしょうか。

第4-4　事件・事故・・・・・・・・・・・・・・・・・・・・・・・・・・・・・・・・・・・・・・・160

Q76〈マンション内の事件・事故の有無への回答義務〉・・・・・・・160

　① 管理組合に対して不動産仲介会社から「このマンションで自殺や事件があったか」を聞かれています。回答する必要はありますか。
　② 最近引っ越ししてきた区分所有者から①を聞かれた場合はどうですか。

Q77〈自殺者による自転車置き場の破損〉・・・・・・・・・・・・・・・・・・・162

　マンションの屋上から投身自殺があり、自転車置き場の屋根が壊れました。どのように対応すればよいですか。

Q78〈マンション共用部分における事故〉・・・・・・・・・・・・・・・・・・・163

マンションの公開空地に設置している遊具で近所の子供が怪我をしました。どのように対応すればよいですか。

Q79〈マンションイベントにおける事故〉 ･･････････････････････ 165
マンションで運動会を開催し、「綱引き」で子供が転倒し肋骨を折る怪我をしてしまいました。「責任をとってほしい」と保護者から申出がありました。どうしたらいいですか。

Q80〈竣工検査における事故〉 ･･････････････････････････････ 166
大規模修繕工事の竣工検査のため理事全員で屋上にあがりました。理事の1名が落下し、けがをしました。管理組合の責任はありますか。

第4-5　外国人 ･･ 167

Q81〈バルコニーからのにおい〉 ･･････････････････････････ 167
外国からきた住人がバルコニーで、においの強い民族料理を作ります。やめてもらいたいのですが、どうしたらよいですか。

Q82〈外国人住民にルールを理解してもらうには〉 ････････････ 169
外国から来た住民で、ごみの分別やディスポーザーの使用のルールを守らない人がいます。どうしたらよいですか。

Q83〈外国人区分所有者の相続〉 ･･････････････････････････ 171
外国人区分所有者が死亡した場合、これまで滞納されていた管理費は他の日本人区分所有者と同様に、本人の相続人に対して請求できますか。

Q84〈代理人による委任状の有効性〉 ･･････････････････････ 172
日本に居住していない外国人区分所有者の総会の委任状に日本の賃貸不動産会社が記名押印をして返送してきています。この委任状は有効ですか。

第5章　相手先とのトラブル

第5-1　管理会社 ･･ 176

Q85〈管理員を替えたい〉 ････････････････････････････････ 176
住民から、管理員に不満があり替えてほしいという声が多いので、管理会社に替えてもらうにはどうしたらよいでしょうか。

Q86〈管理会社を替えたい〉 ･･････････････････････････････ 178
業務内容に満足がいかないことや管理費が高いことなどから、管理会社を替えたいという意見が住民から上がっています。どうしたらよいでしょうか。

第5-2　売　　主 ･･ 181

Q87〈駐車場が空いた場合の使用料の補てん〉 ･･････････････ 181

新築で分譲されて2年たったマンションの管理組合です。敷地内駐車場の利用
　　者が、当初事業主が想定した数よりも大幅に少ないため、管理組合の収入が不足
　　し早々に管理費及び修繕積立金の値上げが必要になる状況です。この不足金額を
　　事業主に補てんを求めることはできるでしょうか。

Q88〈アフターサービスの適用〉・・・・・・・・・・・・・・・・・・・・・・・・・・・・・・・・ 183
　　① 住戸のガス配管が破損してしまいました。事業主に何年後まで補修してもら
　　　えるのでしょうか。
　　② 共用部分のクロスが剥がれてきた場合はどうでしょうか。

Q89〈売主ではなく施工会社への補修請求〉・・・・・・・・・・・・・・・・・・・・ 185
　　　事業主の経営状態が悪いらしく、倒産のうわさもあり、補修の対応をしてくれ
　　ません。代わりに施工会社に補修請求できますか。

第5-3　近隣との関係・・・ 187
Q90〈近隣の建築計画〉・・・・・・・・・・・・・・・・・・・・・・・・・・・・・・・・・・・・・・ 187
　　　隣接地に高層マンションの建築計画があります。工事期間中マンションの目の
　　前の道路をトラックが頻繁に通過するようですし、日当たりが悪くなる住戸もあ
　　ります。
　　　隣地の事業主から管理組合と補償交渉をしたいと申入れがありました。この交
　　渉を受けてもよいでしょうか、また補償金を管理組合で受領してよいですか。

Q91〈近隣の町会（自治会）との関係〉・・・・・・・・・・・・・・・・・・・・・・・・ 189
　　① 町会から、マンション内で町会費を払わない人がいるので、管理組合から一
　　　括で払ってほしいという要望があります。対応してもよいでしょうか。
　　② 管理組合が町会費を徴収して町会に支払っています。町会費を値上げすると
　　　いう連絡がありましたが、総会決議は必要でしょうか。

第5-4　土地所有者・・ 192
Q92〈管理費と借地料〉・・・・・・・・・・・・・・・・・・・・・・・・・・・・・・・・・・・・・ 192
　　　借地権のマンションです。土地所有者に支払う借地料を管理費と一緒に徴収
　　し、管理組合が毎月一括して支払ってきました。ある区分所有者が長期にわたり
　　管理費等を滞納していますが、土地所有者からは借地料については滞納者の分も
　　含めて全額を支払うように言われています。管理組合としては、支払うべきで
　　しょうか。

第6章　通常修繕以外のトラブル

第6-1　大規模修繕・・ 196
Q93〈大規模修繕の決議〉・・・・・・・・・・・・・・・・・・・・・・・・・・・・・・・・・・ 196
　　　平成14年に区分所有法は大規模修繕の決議は普通決議でよいと改正されまし
　　たが、管理規約は改正前の特別決議を要するという規定のままです。現在、大規

模修繕の決議は普通決議で行っていますが問題はありますか。

Q94〈大規模修繕中の使用細則の変更〉・・・・・・・・・・・・・・・・・・・・・・・ 198
大規模修繕工事にあたり、駐車場の一角が使用できなくなることから、来客用駐車場を一時的に使用してもらうようにしたいと考えています。しかし使用細則には「来客用」としており、区分所有者が利用することはできないとされています。一時使用であっても使用細則の変更は必要ですか。

Q95〈大規模修繕中の追加工事の発注〉・・・・・・・・・・・・・・・・・・・・・・・ 200
大規模修繕工事の実施途中に、工事前にはわからなかった不具合が判明しました。足場をかけている間に実施すれば、工事費用は安く済みますが、足場を解体してからだと高くなってしまいます。この場合でも追加工事の発注には、総会決議が必要ですか。

第6-2 長期修繕計画・・ 202

Q96〈大規模修繕工事費用の修繕計画からの大幅アップ〉・・・・・・・・ 202
大規模修繕工事をするために、工事会社から見積書を取得したところ、分譲当時に売り主からもらった長期修繕計画の工事費用から大幅に金額がアップすることがわかりました。売主に対し、損害賠償請求することはできますか。

Q97〈建替費用と修繕積立金の関係〉・・・・・・・・・・・・・・・・・・・・・・・・・・ 204
既に築40年を迎えていますが、管理会社から提案された長期修繕計画には建替え金額が算入されていません。どのように算出すればよいですか。

第6-3 震災対応・・・ 205

Q98〈戸境壁の専有部分と共用部分の区別〉・・・・・・・・・・・・・・・・・・・・ 205
震災で戸境壁の修理が必要になった場合を心配しています。標準管理規約第7条は、「天井、床及び壁は躯体部分を除くところを専有部分」と定めています。建物のコンクリート部分が躯体部分になると聞いていますが、住戸と住戸の戸境壁(界壁)にコンクリートを使用していない場合は、間仕切壁も専有部分となるのでしょうか。

Q99〈地震管制装置の作動〉・・・・・・・・・・・・・・・・・・・・・・・・・・・・・・・・・・ 207
震災でエキスパンションジョイントがはずれたり、エレベーターやガスの供給が停止したりしました。これらの被害において責任のある事業者はありますか。

Q100〈専有部分の修理に対する積立金の支出〉・・・・・・・・・・・・・・・・・ 209
震災の影響により、全住戸の給湯器が転倒しました。管理組合の積立金を支出して修繕できますか。

Q101〈物品の備えと名簿の管理〉・・・・・・・・・・・・・・・・・・・・・・・・・・・・・ 211
大震災の発生に備えて、非常食等や緊急用の名簿を準備したいのですが、管理組合で行ってもよいでしょうか。整備にあたってどのような問題がありますか。

Q102 〈地震保険その他の保険〉・・・・・・・・・・・・・・・・・・・・・・・・・・・・・・・・ 213
　マンション管理組合で加入しておくべき損害保険には、どのようなものがありますか。

第7章　民泊について知りたい！

第7-1　民泊の制度・仕組み・・・・・・・・・・・・・・・・・・・・・・・・・・・・・・・ 216

Q103 〈民泊とは〉・・・ 216
　① 民泊とはなんですか。
　② 民泊は、何が問題なのですか。

Q104 〈民泊にあたる行為〉・・・・・・・・・・・・・・・・・・・・・・・・・・・・・・・・・・ 217
　どんなものが民泊に当たりますか。知り合いの外国人を空き部屋に泊めたところ、お礼にお金をもらった場合はどうですか。

Q105 〈民泊をするには〉・・・・・・・・・・・・・・・・・・・・・・・・・・・・・・・・・・・・ 218
　どのような場合に、民泊はできるのですか。

Q106 〈特区民泊とは〉・・・・・・・・・・・・・・・・・・・・・・・・・・・・・・・・・・・・・ 219
　特区民泊の詳細を教えてください。

Q107 〈条例による規制〉・・・・・・・・・・・・・・・・・・・・・・・・・・・・・・・・・・・ 220
　新法に上乗せされる、地方公共団体の条例規制はどのようなものですか。

第7-2　住宅宿泊事業法について詳しく知りたい！・・・・・・・・・・・・ 221

Q108 〈家主居住型と家主不在型の違い〉・・・・・・・・・・・・・・・・・・・・・・ 221
　家主居住型と家主不在型の違いと運営の条件を教えてください。

Q109 〈住宅宿泊管理業者〉・・・・・・・・・・・・・・・・・・・・・・・・・・・・・・・・・ 222
　住宅宿泊管理業者とはどのようなものでしょうか。

Q110 〈住宅宿泊仲介業者〉・・・・・・・・・・・・・・・・・・・・・・・・・・・・・・・・・ 223
　住宅宿泊仲介業者とはどのようなものでしょうか。

Q111 〈トラブル相談窓口〉・・・・・・・・・・・・・・・・・・・・・・・・・・・・・・・・・ 224
　住宅宿泊事業に関するトラブルの対応はどこに相談すればよいでしょうか。監督官庁が多岐にわたるため、わかりにくいです。

Q112 〈住宅利用の法律上の規制〉・・・・・・・・・・・・・・・・・・・・・・・・・・・ 225
　住宅宿泊事業を行う上で、住宅を利用する根拠となる権利は、所有権、賃借権、転貸借などでもよいのですか。

目　次

Q113 〈時間貸し〉 ………………………………………… 225
新法2条2項「宿泊」の定義には、特に定めがありませんが、「時間貸し」も可能でしょうか。

Q114 〈住宅所有者の変更〉 …………………………………… 226
1年間の途中で、所有者や賃貸人が変更になった場合は、それぞれの人が、同じ1年の間に180日以内の宿泊事業を行うことができますか。

Q115 〈営業日数の管理〉 ……………………………………… 226
営業日数が、1年間に180日以内であるかどうかは、誰かが管理するのでしょうか。

Q116 〈外国語対応の範囲〉 …………………………………… 227
新法7条では、外国人観光旅客である宿泊者に対し、外国語で必要な措置を講じなければならないとされています。
外国語といっても、中国語、韓国語、英語程度であれば対応できますが、それ以外の特殊な言語は対応できません。外国語の範囲はどこまでですか。

Q117 〈宿泊者の限定〉 ………………………………………… 227
宿泊者を特定の人に制限することはできますか。例えば、宿泊者（ゲスト）としてのインターネット上の評価が5つ星（優良）の人だけにする、特定の条件にあてはまる企業の出張者だけに限定するなどと考えています。

第7-3　マンション民泊だから、気になる！ ………… 228

Q118 〈特区法と新法の併存〉 ………………………………… 228
特区との関係について、たとえば101号室が特区法、102号室が民泊新法に基づく届出をして営業するなど、1棟の建物で別々の部屋が根拠法の異なる事業をしてもよいのでしょうか。

Q119 〈ゲストルームでの民泊〉 ……………………………… 228
ゲストルームで民泊をすることはできますか。

Q120 〈管理規約・使用細則〉 ………………………………… 229
管理規約・使用細則はどのように作ればよいでしょうか。

Q121 〈管理費の増額徴収の可否〉 …………………………… 230
民泊を行う部屋に対しては、ゴミの捨て方、禁煙ルール等の案内（英文表示含む）等の対応や、届出等の事務処理等の業務で手間がかかることもあるので、管理費にプラスして特別管理費を徴収することはできますか。

Q122 〈民泊可から禁止への管理規約変更〉 ………………… 231
住宅宿泊事業を許可する管理規約を作成しましたが、やはり規約を守らない宿泊者が多いため住宅宿泊事業を禁止する管理規約に改正したいと思います。この場合、すでに事業を行っていた区分所有者等は、「特別の影響をうける区分所有者」

15

に該当するのでしょうか。

Q123 〈管理規約と民泊の関係〉 ･････････････････････････････ 232
　管理規約と民泊の関係について、
　① 規約で民泊を禁止又は規制できますか。
　② 規約で禁止されていないときは、民泊をすることは問題ないと考えてよいのでしょうか。

Q124 〈違法民泊への対応〉 ･･････････････････････････････････ 233
　違法な民泊サービスを見つけたらどうしたらよいでしょうか。

Q125 〈特区民泊の注意点〉 ･･････････････････････････････････ 234
　マンションでの特区民泊についての注意点はありますか。

〈Web付録〉

No. 1　○○マンションペット使用細則

No. 2　共同生活のルール（日本語）お知らせ

No. 3　共同生活のルール（英語）お知らせ

No. 4　共同生活のルール（中国語）お知らせ

No. 5　消防設備点検（日本語）お知らせ

No. 6　消防設備点検（英語）お知らせ

No. 7　消防設備点検（中国語）お知らせ

No. 8　○○○マンション　防犯カメラシステム運用細則

No. 9　民泊禁止の掲示（日本語・英語・中国語）

No.10　○○○マンション　ゲストルーム使用細則
　　　　（管理組合がゲストルームで住宅宿泊事業を行う場合）

No.11　住宅宿泊事業に関する規約規定例

No.12　住宅宿泊事業を認める場合の使用細則例

〈購読者専用Webサイトのご案内〉

　「『マンション管理のトラブル解決Q&A』購読者専用Webサイト」から、Web付録のPDFがダウンロードできます。
　下記要領に従って、会員登録をしてください。

①　ご使用のPC等から、弊社ホームページ（https://shop.gyosei.jp/）へアクセスします。
②　ホームページ右側にある「書籍購読者専用サービス」のバナーをクリックします。

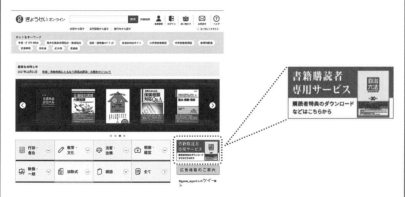

③　「マンション管理のトラブル解決Q&A」を選択してください。
④　「『マンション管理のトラブル解決Q&A』購読者専用Webサイト」の案内に従って会員登録をしてください。
⑤　会員登録したアドレスにお送りしたパスワードで、購読者専用ログインページからログインします。
⑥　ダウンロードを行います。ダウンロードに必要なパスワードは以下のとおりです。

　　　　　　　　　　　　　【ユーザー名】manshon
　　　　　　　　　　　　　【パスワード】kanri
　　　　　　　　　　　　　　　　（すべて英数半角）

第1章
マンションの場所・機能のトラブル

第1-1　バルコニー

〈バルコニーでの喫煙〉

Q1　バルコニーでの喫煙に対して、他の住戸から以下のような状況なので喫煙をやめさせてもらいたいという要望が管理組合に寄せられています。組合としては何ができますか。
- 自分のバルコニーで布団や洗濯物を干している時に、灰が飛んできて困るし、吸殻が落ちてきて危険である。臭いも不快である。
- 自分の部屋に煙が入ってくるので、喘息の症状が悪化して困っている。

　まずは、マンション全体へのお願い文の掲示や、個別に投函するなどの方法が考えられます。また使用細則を総会で定め、住民に納得、理解してもらうと同時に、組合が禁止を求める権限を明らかにすることも考えられます。

しかしこれらの方法でも実効性がない場合は、法や規約に基づいて、裁判上で禁止や予防措置を求めることが考えられます。

法的見解と対応策

1　バルコニーの法的性質と使用規制

バルコニーは、多くの場合法定共用部分とされ[1]、規約で専用使用権を認めていることがほとんどです（標準管理規約14条1項別表第4）。

共用部分及び専有部分について、管理又は使用に関する基本的な事項を規約で定め、その範囲内での細則の決定を集会の決議に委ねることが許されると解されています。

バルコニーは、共用部分の一部として通常の用法に従って使用すべきもの（標準管理規約13条）と定められているのが通常なので、詳細を使

1　最判昭50.4.10判時779号62頁

用細則で定めることができるでしょう。

2 次の手段

使用細則によっても実効性がない場合、どうしたらよいでしょうか。

区分所有者の共同の利益に反する行為（区分所有法（以下「法」という。）6条1項）に該当する場合は、他の区分所有者全員は、本人に対しその行為の停止や予防措置を請求できます（法57条1項）。

事例のようなケースでは、上下階や隣接という特定の区分所有者間の問題ではなく、喫煙の悪影響がマンション全体の問題であるかという点も訴訟の必要な要件となります。

3 参考：迷惑を受けている特定の区分所有者からの訴訟

組合とは別に個人として、相手方に対し行為の差止め、損害賠償等民事上の請求をすることができます。他の居住者へ著しい不利益を与えることを知りながら配慮することなく喫煙を継続し、上階のバルコニーへ流れ込んだ煙で体調を悪化させ、精神的肉体的損害を生じさせたとして、不法行為に基づく慰謝料の支払いを命じた事例があります[2]。

 実務的な対応策と注意点

最初から特定の方に注意をするのではなく、管理組合全体の問題としてとらえ、使用細則の策定に加え、お願い文を掲示したり、投函したりして、嫌煙者の気持ちを理解していただくよう努めることも大切です。ただ、煙草を吸わないでくれというだけでなく、布団や洗濯物に臭いがついて困っている、窓から煙が入ってくるが子供がいるので心配である、吸殻が風で飛ばされてくるので怖い、など具体的に述べることがよい場合もあるでしょう。

吸殻が風に飛ばされる場合には、本当はどの住戸から飛んできたのか明らかにすることが難しい場合もあると思いますので、特定の方に申し出る場合は、間違いのないようにしたいものです。

---

2 名古屋地判平24.12.13平成23年（ワ）第7078号

〈バルコニーに物を置くこと〉

Q2
① ある住戸の住民がバルコニーの避難ハッチの降下部分に植木鉢などを置いており上階から避難できないことが分かりましたが、撤去（又は移動）に応じてくれません。管理組合が撤去することはできますか。
② また、万が一火災が発生し、上階の住民が避難できなかったら、管理組合にも責任が生じますか。

A
① 管理組合は、法や規約に定められた手続を経て、住民（賃借人も含む。）に撤去を求めることができますが、自力で撤去移動することはできません。
② バルコニーは共用部分ですから、原則管理組合が管理に責任を負い、管理組合が状況を認識しているにも関わらず、漫然と放置した等の場合は、善良なる管理者の注意義務に反するとして、責任を負う可能性があります。組合が損害賠償の責を負った場合、撤去に応じなかった住民に対して管理組合が求償することもできます。

法的見解と対応策

1 使用権利と管理責任

バルコニーはQ1（P.2）で述べたとおり、共用部分であっても日常的にはそのバルコニー等に接する住戸の居住者のみが使用することが予定されています。しかし、管理のために必要がある範囲内において、他の者の立入りを受けることがある等の制限を伴い、工作物設置の禁止、外観変更の禁止等使用方法について使用細則で定められることもあります（標準管理規約コメント第14条関連）。管理組合はこのような制限を遵守させるという点において管理責任を負っているといえます。

2 植木鉢の設置が避難を妨げる場合

植木鉢を置くことは、工作物でもなく、容易に動かすことができるも

のであり、使用細則等に特段の規定がない限り認められます。しかし、本件では避難に支障が生じる場所ということなので、「建物の管理又は使用に関し区分所有者の共同の利益に反する行為」（法6条1項後段）として、組合はその撤去あるいは移動を要求できるでしょう。

また、避難経路が確保されていないことは、消防法上の違反となり、管理権限者の組合（及び所有者又は占有者）は違反是正の責任を負う場合もあります。

3　撤去又は移動の方法

しかし、いくら組合に権利や責任があるとしても、自力救済の禁止の原則から、組合や上階の人が自力で撤去、移動することはできません。話合いやお願いでどうしても解決ができない場合は、妨害排除請求という法的措置も検討できます（法57条）。この請求は、占有者（賃借人）に対しても可能です。

4　その他のトラブル例

バルコニー側面に隣の住戸のバルコニーとの隔て板がある場合があります。これは非常時に、隣の住戸からこれを破ってバルコニー伝いに避難するためのもので、この隔て板の前に物置や大きな物（植木鉢等）を置くと、避難が不可能になってしまうので、本件と同様の問題となります。

 実務的な対応策と注意点

年に2回、消防用設備点検が実施されます。この時に火災報知器などのほか、避難ハッチの点検も実施されます。植木鉢等、避難の妨げとなるものを置いている住戸は、点検結果報告書に住戸番号が記載されますので、この報告書で特定することができます。住戸を特定した後の対応は、**Q1**と同様に、最初は、管理組合全体の問題として、全戸に投函や掲示するなどして、万が一の場合に他の住戸の被害を拡大するおそれがあるなど、具体的な例をあげて撤去を呼びかけるようにします。

それでも改善されない場合は、該当の住戸に対して、撤去を要求するようにしましょう。なお、避難ハッチは、垂直方向に一直線に並んでいるものではなく、上下階に「ずれ」があります。（断面図を見ると分かります。）ハッチの上だけに物を置かないと誤解しているケースも多いので、注意の際は「どこに置いてはならないか」を図示するとよいでしょう。

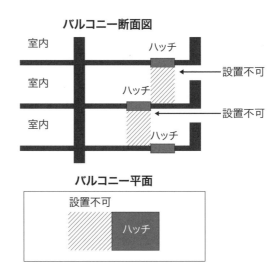

第1-2 駐車場

〈敷地内の無断駐車車両〉

Q3 マンションの敷地内の空地に、数か月間無断で駐車している車両があります。移動させるにはどうしたらよいでしょうか。

A 自力救済禁止の原則から、管理組合が強制的に移動することはできません。所有者が分からない場合及び任意に移動してくれない場合は、最終的には法的手続が必要な場合もあります。

法的見解と対応策

1 共用部分の管理

敷地内の空地は共用部分であり、管理規約では、「管理組合がその責任と負担においてこれを行うものとする。」としています(標準管理規約21条1項)。

2 自力救済禁止

自力救済は禁止されており組合が自力で車両を移動させることは原則できません。ましてや、車両を公道に放置した場合は、所有者から傷がついたとか第三者に持ち去られた等損害賠償請求を受けるおそれや、行政から組合が行為者として道路交通法違反を問われるおそれもあります。

もっとも、火事や地震等の緊急事態であれば緊急避難として認められる余地はあります（民法720条2項）。

3 所有者の確認

まず所有者を確認します。張り紙や監視等で分からない場合には近くの陸運局でナンバーから所有者の名と住所を調べます。

4 警察への確認

長期間放置されている場合は、盗難車の場合や犯罪に関与している場合も考えられるので、警察に相談してください。警察は原則私有地の車

両を撤去することはできませんが、所有者が判明した場合に警察から所有者に指導がなされ撤去される場合もありますし、盗難車等の場合は警察が車両を移動し保管する場合もあります。

5 撤去の手法

　組合から車両所有者に対しての妨害排除請求が裁判所で認められた場合で、それでも所有者が撤去しないときには法に則った強制執行ができることになります。

　所有者が確認できたが所在不明の場合は、マンション所在地を管轄する簡易裁判所へ所在不明の所有者を相手方として訴訟提起ができます。

　所有者が確認できなかった場合は、所有権が放棄された物件とみなし、区分所有者が共有で、車両の所有権を取得（民法239条の無主物の帰属）したこととして、撤去廃棄することができます。この手続には、一定の期間張り紙等で処分する旨の意思表示を行い、それでも所有者が確認できなかったことを証明する必要があります。但し、元の所有者から車両を廃棄されたとして損害賠償請求される可能性等が全くないわけではないので、意思表示を表示した内容、掲示方法、証拠書類などを整えるべきですので、弁護士等に相談して行ってください。

 実務的な対応策と注意点

1　条例の確認

　多くの自治体で、公共の場に放置された車両に関する条例があります。私有地に関しては適用されませんが、放置自動車を廃自動車と認定する基準等を参考にすることができますし、行政が所有者に指導する、という規定がある場合にはその要請をすることもできます。

2　マンション内の住民用駐車場の場合

　契約車両か否かを特定しやすくするために、駐車場賃貸借契約書にて駐車車両を特定し、それ以外の車両は駐車できないとする契約も有用です。

〈豪雨による車両の冠水〉

 集中豪雨でマンションの機械式駐車場（共用部分）の地下部分に駐車していた車両が冠水し、車両に損害が発生しました。管理組合に責任はあるでしょうか。

 誰が責任を負うかは状況により異なりますが、管理組合の責任となる場合もあり得ることとなります。

 法的見解と対応策

1 管理組合の責任となる場合

本駐車場は共用部分ということなので、その所有者は区分所有者全員の共有であり（法11条1項）、管理者は管理組合（標準管理規約21条1項）です。管理組合は駐車場が安全に支障なく使用できるように維持管理する義務を負い、その義務に反する過失が認められれば損害賠償の責を負います。

もっとも通常は専門の点検会社又は管理会社に管理を委託しているので、組合は自己の負担を点検会社に求償できます。よって管理組合が賠償責任を負担するのは、点検会社等の選任や監督に過失があった時や費用の支払いをしない等の事情で点検会社等の不履行に組合側の責があった場合等になると考えられます。

2 管理会社の責任となる場合

管理会社に点検を委託している場合、管理会社は管理委託契約に基づき定期的な点検が決められているのが通常であり、これらの業務が履行されなかったことに起因して冠水したと認められれば、管理組合に対して委託契約の債務不履行として責任を負うことになります。

また管理会社が、組合に加え住民に対しても直接責任を負っていた緊急出動の義務に反したとして、住民に対し不法行為責任を負う、とされ

た判例もあります[1]。

3　所有者（全区分所有者の共有）の責任となる場合

　機械式駐車場はマンションの設備であり、土地の工作物です。管理組合、管理会社のいずれの責任でもない場合には、その工作物の設置又は保存に瑕疵があった場合は、所有者は過失の有無に関わらず責任を負います（民法717条1項）。瑕疵とは、通常想定される安全性を欠くことを指し、瑕疵が認められれば所有者は責任を負います。

　通常の安全性が確保されていたのに、激しいゲリラ豪雨など、想定していない大量の雨が短時間に降ったことが原因であった、等という場合には不可抗力によるものとして免責される場合も考えられますし、瑕疵が多少あったとしても豪雨の激しさが異常であった場合には、損害の公平な負担として賠償額が減額される場合も考えられるでしょう。

4　売主の責任となる場合

　3に該当し、瑕疵に該当した場合には、所有者は自らが賠償した金額を損害として、売主に瑕疵担保責任を請求することが考えられます（民法570条）。もっとも、通常は分譲事業者は瑕疵担保期間を引渡から2年間と定めていることが多いので、それ以降の場合は請求できません。なお、住宅品質確保促進法に定める10年間の瑕疵担保期間の対象となる住宅の雨水の侵入を防止する部分には、機械式駐車場設備は通常は該当しないので、こちらも適用できません。

5　誰にも責任がないと認められる場合

　以上の検討の結果、誰にも責任を追及できない自然災害である場合には、誰にも損害賠償を請求できません。組合加入の建物火災保険（水害も付保されていることが多い）ではなく、各個人の車両保険でカバーする

---

[1] 東京地判平25.2.28平成23年（ワ）第30820号

しかありません。

 実務的な対応策と注意点

　機械式駐車場は、一度に他の区画のパレットが上昇しないよう安全装置がついています。機械式駐車場の一部には、この安全装置を解除する鍵（インターロック解除キー）が設置されているものもあります。このキーを操作することにより、パレットを一時的に上昇させ車両が冠水しないよう避難させることができますが、強風による二次被害が発生するおそれもあります。取扱説明書をよく確認し、安易に使用しないようにしましょう。

　集中豪雨時や台風の際は、車両を移動すること以外に有効な対応策がないことを日ごろから周知しておくことが必要です。掲示のほか、総会など区分所有者が集まる場でお知らせをしたり、駐車場賃貸借契約書に注意事項として記載するなどの方法もあります。緊急連絡網を作成し、天気予報にて豪雨の予想がされた場合に連絡を取り合う管理組合もあります。この場合は電話番号などの個人情報の取扱いに注意しましょう。

〈機械式駐車場の埋戻し〉

> **Q5** ピット式の機械式駐車場が空いています。車を持つ人が減ったことや車高の高さ、重さや大きさの制限があることが原因です。機械の維持管理費用も高いので、機械を撤去して埋め戻し、台数は減っても使いやすい平置き駐車場にする場合は、どういう点に注意すべきでしょうか。

A 可能ですし、事例もありますが、以下の点に注意してください。

 法的見解と対応策

1 条例等の規制

マンションの建築に際して、当該自治体の定める駐車場に関する条例や指導要綱に規定された駐車場を確保していることが多く、台数を減らすことで、条例等の要請を満たさなくなる可能性があります。

条例は、法律と同様に法的拘束力を持つので、台数が足りないと条例違反の建物になるおそれがありますが、当該自治体に問い合わせると、建築後条例が改正されている場合もありますし、敷地外で確保すればよいという見解が出る場合もあり対応は様々なようです。指導要綱は、自治体の建築時の指導基準であり、完成後に拘束力を持たないと考えられます。

いずれにしても、まずは該当する自治体（建築確認を認可した行政庁である市役所、区役所等）に確認する必要があります。

2 集会の決議

本件工事は、台数が減り、地下が埋め戻されるということなので、その形状又は効用の著しい変更を伴う共用部分の変更（法17条1項）に該当するといえるでしょうから、原則所有者数及び議決権総数の4分の3以上が必要な特別決議になります。

また、費用もかかることですから、予算としての承認を普通決議で得る必要があります。

 実務的な対応策と注意点

1 まずは現状での運用検討を充分に

本問のような事例は相当数ありますがすべてが成功例とは限りません。まず、アンケート調査を行い、近隣駐車場を契約している場合は、敷地内での契約をしたり、2台目も契約や外部駐車場としての運用を充分に検討します。

2 埋め戻しの検討

〔安全性の確認〕

全部の区画を埋めるのか、一部の区画でよいか、契約中の車両は埋戻し後の区画に移動できるのか、など具体的に検討します。駐車場の形状や台数の変動により、人と車両の動線が変わる場合もありますので、安全性に配慮した計画が必要です。

〔収益性の確認〕

埋戻し後の機械式駐車場の保守点検費用は必要なくなりますが、駐車場使用料は減収になります。長期修繕計画にて駐車場の修繕工事を予定していた場合は、長期修繕計画も見直します。

3 変更決議と同時に

忘れがちですが、新しい区画にあわせた使用細則、駐車場保守点検にかかる点検会社等との契約の変更も埋戻し工事とあわせて普通決議にて決議しておきます。

4 工事中

工事中は、駐車場の利用ができませんので、近隣の駐車場と契約ができるかを事前に確認し、その使用料金も工事費用に含めて検討しておきます。

〈機械式駐車場故障によるタクシー代金賠償〉

Q6 共用の機械式駐車場が故障し、丸一日入出庫できなくなりました。駐車場利用者から車両が使用できなかったので、タクシーを使用したとしてタクシー代を請求されています。管理組合は払わなければなりませんか。

A 駐車場の故障が、利用者側の故意、過失による場合又は天災地変等による場合でなければ、まずは組合が支払う必要があるでしょう。

ただし、故障の原因によっては、組合は第三者にその費用を求償できる場合もあります。

また、利用者が請求できるタクシー料金は、電車やバスで代行できなかったのか、利用の範囲、時間等が必要以上ではなかったか、等を考慮したうえで一定の範囲に限定される場合もあります。

法的見解と対応策

1 損害賠償の考え方

(1) 組合は、賃貸借契約により利用者に駐車場区画を賃貸していますので、利用者が問題なく使用できるように管理する責任があります。利用者側の過失等による場合、及び天災地変等の一定の免責事由にあたる場合でなければ、組合の責任となり損害を賠償する責任があります。

(2) ただし、故障の原因によっては次のように組合は第三者に対して、利用者に支払った額を求償することができる場合があります。

故障がそもそも機械設備の隠れた瑕疵にあたる場合で瑕疵担保補償の期間内であれば、売主である不動産会社に、支払った額を損害として請求することができます。

また、多くの場合、組合は管理会社に管理を委託し、管理会社はマンション内の設備に不具合がないか点検を行い、必要があれば理

事会の承認を得て補修の手配をする等の業務を行う義務を負っています。管理会社がこの必要な点検やそれに基づく補修手配等を適切に行わないことで、本件の故障による使用不可能な状態が生じたのであれば、管理会社に対して、債務不履行に基づく損害賠償として利用者に支払った額を請求することが考えられます。

過去に補修を行っていた場合、補修が不適切であったということが原因であれば、補修会社に対して損害賠償を請求することもできるでしょう。

2　利用者が請求できる範囲

一日利用できなかったからといって、無制限にタクシー代が請求できるとはいえません。電車やバスではだめでタクシーが必要であった事情があり、合理的な時間や料金の範囲であることが必要といえます。

損害賠償が請求できる範囲は、通常生ずべきといえる損害の範囲内及び通常でなく特別の事情であっても予見できる範囲内であるとされているからです（民法416条）。

実務的な対応策と注意点

1　免責事項

管理組合と駐車場利用者の間の賃貸借契約には、これらの免責事項を確認してから請求するようにしましょう。一般的に、以下のような免責事項があります。

(1)　**駐車場賃貸借契約書や駐車場使用細則**

> （甲の免責）　（※甲は管理組合、乙は駐車場使用者）
> **第○条**　乙が、車両の駐車中又は駐車場への出入に際し、次に掲げる損害を受けた場合には、甲はその責任を一切負わないものとする。
> (1)　車両、その附属品又は車内の物品の火災、損傷又は盗難
> (2)　他車との接触又は事故

(3) 天災地変（地震、台風、集中豪雨）その他甲の責めに帰すべからざる事由によるもの

　なお、タクシー代は一般的に管理組合で付保している総合保険等では、保険金支払の対象にはなりません。保険金支払要件である「事故」とは、対人又は対物で損害が発生していることをいいますので本問のような場合は対象外となります。

〈駐車場利用者の決め方　1〉

今まで駐車場の利用者の決め方は、「空きの順番待ち」にしていましたが、「総入替え方式」にしてはどうかという意見が出ています。
① 変更する場合は、使用細則を変更することで足りますか。
② また、今の利用者に特別の影響を及ぼすことになるでしょうか。

① 駐車場ルールの今までの経緯、趣旨等を踏まえ総合的に判断されるべきといえ、一概にはいえません。解説を参考にしてください。
② 当初の取り決め、使用年数、利用料及び利用形態等総合的に判断されるべきで、一概にはいえません。解説を参考にしてください。

📖 法的見解と対応策

1　規約と使用細則

　駐車場は、特定の区分所有者（又は占有者、第三者）に一定の使用料にて使用させると規定されていることが多いでしょう（標準管理規約15条）。
　使用者の選定方法の具体的な手続、料金やルール等の詳細については、法18条にいう共用部分の「管理」に関する事項の範囲である場合は、普通決議により使用細則で定めることができ、「管理」の範囲を超える場合は、「規約」事項にあたり、特別決議による規約の変更が必要です。
　「管理」の範囲内か否かは、「経緯・趣旨等を踏まえ実質的に勘案し、共用部分としての性質に反し、あるいはその性質を変更するような使用態様を規定するものか否か」で判断すると述べた判例があります[1]。
　本判例で、使用細則のなかったマンションで駐車場を利用できていない原告らが、ローテーション方式の使用細則の制定を求めたがそれが認められず、その後に、空きが出た時のみ抽選で新しい利用者を決定するという使用細則を普通決議で制定されたため、原告らが管理組合に提起

1　那覇地判平16.3.25判タ1160号265頁

した、使用細則制定の決議無効確認が認められました。「本件細則は…実質的に特定の区分所有者らに駐車場の特定の区画に優先使用を認める規定内容となっていると評価することができ…共用部分たる駐車場としての性質に反するものであるから…法18条1項の…「管理」の範囲を超えるもので…「規約」により定めるのが相当」と判示しています。

2　総入替え方式（ローテーション方式）への変更

質問はこの判例とは逆に総入替え方式に変更する案なので、共用部分たる駐車場の性質に反するとはいえなそうですが、判例の規範の通り、各マンションの経緯や変更の趣旨を踏まえ規定の意味合いを実質的に勘案して、規約の変更か又は使用細則の変更かを検討する必要があります。

3　権利に特別の影響を及ぼすか（法31条1項後段）

規約の変更をする場合は、当該変更が現在の利用者の権利に特別の影響を及ぼすことになるかどうか、が問題になります。この点は「規約の設定・変更・廃止の必要性及び合理性とこれによって一部の区分所有者が受ける不利益とを比較考量し、区分所有関係の実態にてらして、その不利益が区分所有者の受忍すべき限度を超えるか否か」で判断します[2]。

駐車場利用についての規定の変更で、特別の影響を及ぼすものとされた判例は、無償の使用権を消滅させる決議に関するものがあります[3]。

逆に、分譲駐車場の例ではありますが、合理的な使用料の増額、無料の使用権が20年以上経過した場合には特別の影響を及ぼさないとされた事例があります[4]。

4　共用部分の変更にあたるか（法17条1項）

2年毎の抽選制を導入することは、共用部分の変更にあたらず、特別決議を要しないとされた事例があります[5]。

2　最判平10.10.30判タ991号288頁
3　最判平10.11.20判タ991号121頁
4　仙台高判平21.10.9
5　浦和地判平5.11.19判時1495号120頁

〈駐車場利用者の決め方 2〉

Q8 「総入替え方式」のメリット・デメリットは何ですか。

A 限られた駐車場の利用における不公平感の緩和に役立つ反面、途中から「総入替え方式」に変更する場合は、各区分所有者の利害が対立する場合もあるので納得を得て行うことが望ましく、十分な議論とプロセスを経るべきといえます。

 実務的な対応策と注意点

1　総入替え方式のメリット

マンションの駐車場には台数の不足という単純な問題のみならず、平置きか機械式か、機械式の上段か下段か、大きさ、高さ、重さ等の機能や使い勝手の違い及び使用料の違いがあるため、希望者のニーズにうまく応えられない不都合や、一度条件がよい区画を利用した住民が継続して使い続ける場合の不公平感などの問題があります。一定の期間毎に総入替えを行うと、空き区画とニーズのずれを多少修正することが可能になり、また条件のよい区画を特定の人が使い続けるということがなくなるので、不公平感の緩和に役立つといえます。

2　「総入替え方式」のデメリット

(1)　総入替え手続

総入替え時の車両の入替えは、「たまつき」で移動することとなります。「○月○日○時に一斉に車両の移動をする」ことができる場合はよいですが、台数が多く、ある一定期間に入れ替えざるを得ない場合、従前の契約者の方が移動しない限り、次の契約者は移動できません。

不在などの住戸があると、車両の移動に長期間かかる場合もあります。

また、新旧利用者の間でお互いの日程調整をする必要があり、その手続も煩雑です。管理組合にて車両の鍵を預かり移動することも考えられますが、

接触事故のおそれもあり、お勧めできません。総入替えを実施する場合は、入替えの手順を検討しておくことが必要です。

(2) **総入替え後**

総入替えの抽選会等に落選し、今まで使用していた使用者が使用できなくなった場合、その使用者は外部の駐車場を借りることになります。

地域の事情により、近隣駐車場もまた満車であり、地域の方が順番待ちとなっている場合もあります。この場合、今まで近隣の駐車場を利用していたが解約した近隣駐車場にそのまま、契約できるとは限りません。結果としてマンション内の敷地やその周辺道路の違法駐車を助長することになりかねません。また、そうした事例も実際に発生しています。

総入替えを実施する場合は、事前にマンション内外に駐車場を確保できることを確認することが必要です。

〈障害者用駐車場の利用者〉

Q9 当マンションには駐車場条例により、障害者用駐車場が設置され、使用細則には障害者に使用させると記載されています。
障害者手帳を持っていない高齢者の方から、歩行が困難であることを理由に利用申請がありましたが許可してもよいでしょうか。
また、知的障がいの子供を持つ方の場合はどうでしょうか。

A 例えば東京都の条例をみると、誰がどのように使用するかは法的に規定されておらず、その趣旨を尊重し真に必要とする方々に使用していただくことが重要と考えられます。

趣旨からすると、身体障害者福祉法に基づく障害者手帳を持つ方に限らず、車両の乗降に通常よりも広い幅を必要とする方、車いす利用の方が使用することも認められると考えられるでしょう。知的障がいについても、お子さんの状態から車両の乗降に通常よりも広い幅を必要とするのであれば同様に考えられるでしょう。

もっともマンションの使用細則には「身体障害者」と規定されているということですから、この点については組合で話し合い、身体障がい者に限らないという合意を確認して、変更したうえで認めることが望ましいでしょう。緊急の事態で総会がすぐに開けない等の状況で、他の方にも支障がないのであれば、臨時の暫定的措置を理事会判断で許可することも合理的な運用の範囲内と思われます。

 法的見解と対応策

1　駐車場条例とは

駐車場法20条の規定に基づき、自治体は駐車場条例で、駐車場整備地区等商業集積の高い地域に、建物の規模や用途に従い駐車場の付置やその内容を定めることができます。

また駐車場条例以外でも、町づくり条例、建築物バリアフリー条例等

の名称で障害者用駐車場の設置を定める場合や、マンションの場合は集合住宅に関する条例や指導要綱等の中で障害者用駐車場の規定がされている場合もあります。

　もっとも、条例は設置について定めるものがほとんどで、具体的な運用等を規定するものはあまりみかけません。

2　東京都駐車場条例の例

　東京都駐車場条例は、駐車場整備地区等において延べ面積2,000㎡以上の共同住宅には駐車場の付置義務を課し、建築物に車いすで自由に移動できることを期待する目的で、「東京都福祉のまちづくり条例」に対応する基準を満たす障害者用駐車場を１台以上設置することを求めています。

　しかし、その運用基準や障害者の定義については定めておらず、その趣旨を鑑みて運用することが望ましいと解されています。

 実務的な対応策と注意点

1　当マンションの適用条例の確認

　条例は自治体によって異なり、また数種の規制がある場合もありますので、まずは当該自治体にその運用や解釈を確認しましょう。

　身体障がい者以外利用も可能であることが確認できた場合は使用細則の変更を行います。下記は汎用的な利用が可能となる使用細則の例です。

〔使用細則例〕

　身体障害者用駐車場を使用できる者は、身体に障がいがある者が自ら運転又は主に乗車する車両の駐車を希望する者及び、日常的に車いすを利用するなど特段の事情を有する者（以下「身体に障がいのある者等」という。）とすること。身体障害者用駐車場が空き区画となっている場合に使用できる者は、第○条（駐車場使用者）に該当する者とすること。ただし、後日、身体に障がいのある者等が新たに使用を希望した場合には、身体障害者用駐車場の使用者は○○末日までに当該駐車場の明渡しをすること。なお、身体障害者用駐車場の使用希望者が複数名の場合は、管理組合と協議のうえ、決定すること。

〈一部の駐車場使用料の値上げ〉

当マンションには、総戸数の約半分の機械式駐車場区画があり現在空きはありません。分譲当時に、販売主が「駐車場が月額100円から！」とうたって分譲がなされ、100円で利用できる3区画が抽選によって利用者が決まっています。

そのため、現在100円の区画と1万円の区画があります。周辺の相場も1万円程度のようです。100円ではあまりに不公平なので、1万円に変更したいのですが、100円の区画の人は応じてくれません。変更することはできないのでしょうか。

増額することの必要性、合理性があり、変更後の駐車場使用料が社会通念上相当である、といえるのであれば変更できます。

駐車場使用料が建物等の使用に関する事項として規約で定められている場合には規約の変更で、使用細則で定められている場合には集会の決議で変更することになります。

📖 法的見解と対応策

1 100円での利用者に「特別の影響」を及ぼすといえるか

管理規約の変更や集会決議に必要な賛成が得られるとしても、現在の100円での利用者に対して、使用料の変更が「特別の影響」を及ぼすということであれば、その当事者の承諾がなければ変更することはできません（法31条1項但書き）。分譲当時の色々な事情で、他の区分所有者と異なる有利な条件で駐車場等の共用部分を使用してきた利用者がいる場合にその点が問題になりますが、いくつかの判例で判断が示されています。

最終的には様々な固有の事情の総合考慮によりますが、金額の増額は概ね認められるものの、利用権の消滅は「特別の影響」があると考えられる傾向にあるようです。

2　使用料の増額

増額の必要性、合理性があり、変更後の使用料が社会通念上相当な額といえる場合には、「特別の影響」を及ぼすとはいえず、規約の設定又は有効とされました[1]。

3　使用権の消滅

駐車場の無償の専用使用権を消滅させる決議は、使用者に「特別の影響」を及ぼすとして、決議は無効とされました。もっとも一方で有償化については、必要性、合理性と社会通念上相当な額であるかで判断すべきとして、決議された使用料から減額された金額を認めています[2]。

専用使用権として分譲され20年以上経過したケースで、既に投下資本は回収されており、権利関係の複雑化、保守管理が適切に行われていない等の事情を総合考慮し、専用使用権を有償化し、一定期間後には消滅させる決議は「特別の影響」を及ぼさない、とした例もあります[3]。

 実務的な対応策と注意点

ひところ、新築分譲時の広告上の目玉として、駐車場ゼロ円や、100円などの料金設定が流行ったことがあります。それらのマンションでも現在では、管理組合で料金の改正がされ、他の区画と同等の料金になっていることが多いようです。

駐車場は維持費がかかります。機械式駐車場の場合は、毎月の保守点検料のほか、長期修繕計画における塗装や部品交換、本体交換費まで含めると月額数千円〜数万円に及ぶこともあります。また、清掃や駐車場契約にかかる事務管理経費も含めると100円では赤字になります。この赤字部分は、他の区分所有者が負担している、ということになります。

こうした不公平感を是正することによりお互いに気持ちよく居住することができる、という観点で料金改定を考えることが必要であると思います。

---

[1] 最判平10.10.30判タ991号288頁
[2] 最判平10.11.20判タ991号121頁
[3] 仙台高判平21.10.9

第1-3　その他共用部分

〈植栽・生垣の変更〉

Q11
① 敷地周囲に生垣がありますが、枯れてしまっており、維持管理も大変なので、撤去してブロック塀にしようという案が出ています。どのような決議が必要ですか。
② 植栽帯のケヤキの木が大きくなったので、1本ずつの間隔を大きくするため、間引き（間伐）をしようという案が出ています。どのような決議が必要ですか。

A
① 生垣がブロック塀に変わることは、マンションの外観が変わることとなり「その形状の著しい変更」となるといえるので、原則的には集会の特別決議が必要と考えられます（法17条1項）。

もっとも、敷地の目立たない部分である場合や、その範囲や長さの程度等によっては外観が著しく変更されるとまでいえないという場合もあり、その場合は普通決議と考えられます。

② 形状が変更されると考えられる反面、ケヤキの植栽であることは変わらないともいえます。共用部分の変更が著しいか否かは、箇所、範囲、周辺の状況を勘案して判断されるため、一概にはいえません。実務では、慎重を期して特別決議として運用するケースが多いようです。

法的見解と対応策

1　変更・保存・管理の考え方

形状又は効用の著しい変更を伴わない共用部分の変更（軽微変更）は、法律上は変更ではなく、管理行為として扱われ、集会の普通決議で決せられ（法18条1項本文）、共用部分について保存行為をする場合は、決議を要することなく、各共有者ができます（法18条1項但書）。

2　軽微変更か否かの判断基準

　変更を加える箇所及び範囲、変更の態様及び程度等を勘案してマンションの個別の状況によって判断されます（標準管理規約47条関係コメント）。

　この判断には、当該変更が建物等の適正な管理に必要不可欠か否かという観点から判断すべきという意見もあります[1]。

　Q②で、例えばケヤキが密集し過ぎて枯れたり倒れたりする、日照阻害を生じる、大量の落ち葉で周辺の排水溝に悪影響がある等のおそれが大きいならば、適正な管理に必要不可欠であり特別決議を要しないという判断もあり得るでしょう。

3　保存行為か否かの判断

　保存行為とは、共用部分を維持する行為ですが、法18条1項但書は、決議なく各共有者がすることができる、という定めであることから、決議を待つことのできない緊急を要する場合や、比較的軽度の維持行為を指すと考えられており、本件はQ①、Q②とも保存行為には該当しないといえます。

 実務的な対応策と注意点

　特別決議なのか普通決議なのか微妙な判断を要する議案は、後日のトラブルを回避するために特別決議としている場合が多いようです。

　トラブルを回避するため、総会の議案書に、「本案は、形状又は効用の著しい変更を伴わないため、普通決議となります。」など決議要件とその理由を記載しておく方法や、委任状や議決権行使書に「ご意見欄」を設け、あらかじめ異議のある区分所有者がいれば申し出ていただく方法も検討できます。

　Q②の場合、逆に、例えば間伐をすることにより、道路から住戸の中が見えてしまうのではないか、外灯の照明が住戸を照らすようになるのではないか、など居住者側の不都合がないかも充分検討すべきです。総会の議案とする前にアンケートをとることも検討するとよいでしょう。

1　コンメンタール　マンション区分所有法（第3版）P.109（日本評論社、稲本洋之助・鎌野邦樹）

〈管理員居住住戸の貸出し〉

 住込み管理から通勤管理に変更し、管理員の居住用だった独立した住戸（共用部分）を、第三者へ貸し出すことはできますか。

 可能ですし、事例もあります。以下の点に注意してください。

法的見解と対応策

1　集会の特別決議

　管理員の居住用である独立した区画は、規約共用部分です（法4条2項、法2条4項）。古いマンションは、ごく稀に異なることがあるようなので、念のため登記簿で確認してください。

　管理に使用していた区画を第三者に貸し出して収益を得るということなので、共用部分の「効用の著しい変更」に該当するといえ、集会の特別決議（法17条1項）及び管理規約の変更が必要です。他にも、集会室やゲストルームを廃止して貸し出す、というような場合は同時に「形状の著しい変更」にも該当し得ますが、特別決議であることは変わりません。

　なお、当該区画を売却する場合は、共用部分の変更ではなく廃止（処分）となります。共用部分の処分は、所有者全員の合意が必要となりますので、全く異なる手続となります。

2　賃貸管理及び収益事業としての手続

　賃貸借契約の貸主、賃料を受け取る当事者は管理組合となります。手続等は、不動産会社に依頼することもできますが、駐車場の外部貸し等と同様の会計管理、及び納税手続等が必要となります。

実務的な対応策と注意点

1　設備等の導線との区分け

　管理員の居室は、管理用に使用するという前提で建築されています。その

ため、火災報知器の受信盤やインターホンの親器が設置されている場合があります。こうした設備機器は日常の点検のほか、緊急時に直ちに入室する必要があります。移設工事ができる場合もありますので、設備工事会社に相談してみるとよいでしょう。

　なお、住込み管理員をやめても通勤管理員が執務する管理事務室は必要です。同室になっている場合は、玄関ドアを2枚設ける、防音壁で仕切るなどの内装工事も必要です。

　また、電気・ガス・水道の配線、配管なども管理員居室と管理事務室が同じメーターにつながっている場合には、内装工事の際に、これらも分岐する必要があります。

2　その他

(1)　部屋番号を決める

　例えば1階に5室ある場合、101号室から105号室までは既に使用済みですから、106号室にするのかなど名称も決定します。

(2)　郵便ポストを割り当てる

　管理事務室用ポストと併用はできません。郵便ポストに予備の区画があれば割り当て、なければ別に設置します。

(3)　住戸数×○○円で支払いのある費用を確認する

　例えば、インターネット利用料、管理組合で徴収を代行している町会費、などの費用に住戸数×○○円にて算出されている契約は、増加分について変更することが必要です。

　なお、賃料設定のときにそれらの費用も勘案します。

(4)　意思決定を早くするための工夫

　賃料の設定、不動産会社の選定、貸主の補修義務の履行など運用上の判断が要求される場合に、都度総会を開催することは困難ですから、運用ルール等を細則で定め、理事会に権限を一定程度与える等の工夫も有用です。

〈敷地の境界確認〉

Q13 隣地から敷地の境界確認を求められ測量したところ、登記簿記載の面積より何㎡か減ってしまう結果になりました。理事長が、隣地との境界確認書に署名捺印してもよいですか。なお、今まで境界確認書類は取り交わされていませんでした。

A 本件のように、今まで境界の確認がされていない状態で、理事長、理事会及び管理組合には、新たに境界確認書に捺印する権限はないといえますので、捺印することはできないと考えられます。

敷地境界の確認が敷地の範囲を確定することとなり、土地所有権の取得や処分の行為となるため、敷地の全所有者、つまりマンションの全区分所有者の合意に基づき、全員の捺印又は全員に委任された代表者等が行うべき行為となるからです。

法的見解と対応策

1 敷地の境界確認書とは

登記簿に面積が記載されているとしても、実際の敷地の範囲がどこからどこまでなのかを物理的に明示するには別の作業が必要です。

敷地の境界に、専門の測量士が杭等の境界標を埋め込み、測量図を作成し、その境界標を基準点からの距離や形状等で明らかに特定して記載します。これで敷地の面積と境界の位置が明らかになります。この境界の位置について、隣接する土地の所有者がそれでよいと同意しなければ、後日、争いになる可能性もゼロではありませんので、この埋め込まれた境界標が、敷地の境界点であることを両者が確認した、ということを証するため、境界標の記載された測量図等を添付した書面で、「境界を確認しました」という書面を取り交わすことがよく行われます。

本件では、隣地所有者がその作業を行うため、理事会に境界の確認を依頼してきたのでしょう。

2　敷地の管理と処分の違い

　管理組合、理事会及び管理者である理事長は、マンションの管理をすることができるのであって、それを超える行為をすることはできません。
　敷地の一部を処分する場合には、それは所有権という権限に基づく行為であり、管理の権限で行うものではありません。理事長ができないことはもちろん、管理組合としての決議があったとしても、処分をすることはできないこととなります。

3　境界の確認行為の性質

　境界を確認するといっても、境界確認が既に行われていたが、杭が自然災害で無くなってしまったので再現するという場合や、境界確認書を無くしたので、もう一度作成するといった場合であれば、敷地に対する処分行為はなく、管理上の行為として理事長が捺印することが可能でしょう。既に合意されていた境界を再度証する業務を管理上行い、「〇〇管理組合　理事長××」として捺印したと考えられるからです。
　本件では、境界が今まで明らかでなかったところ、新たに境界を設定し、さらに敷地面積が登記簿より少なくなるということなので、敷地の一部が減るという事象である可能性があります。とすると、敷地の処分に当たる可能性があるので、管理の範囲を超え、理事長に捺印できる権限はないと考えることとなります。
　もっとも、登記簿の面積は実際の面積と一致していないことも多いので、境界の位置自体は今回の確認において変わったわけではなく、本件境界の確定が敷地の処分にあたらない、ということが明らかなら、管理の範囲と考えられる場合もありますので、測量士等と経緯や状況を相談して判断すべきでしょう。
　また、面積が増えた場合であっても、新たに境界を定めるという行為は管理を超えると考えることが原則ですが、所有者にとって不利益になることがないことから、経緯や状況の判断の中で考慮される要素の一つにはなると思われます。

第1−3　その他共用部分

〈宅配ボックスと郵便受けの中の物の扱い〉

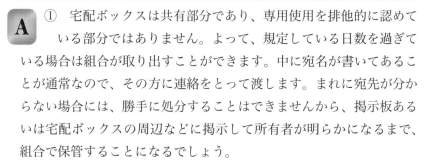
① 長期に宅配ボックスに入ったままの荷物があり、他の方の利用に支障をきたしています。どうしたらよいでしょうか。
② 長期不在のようで、集合郵便受けからチラシやDM、郵便物があふれ出しています。美観も悪いので、抜き取ってもよいでしょうか。

① 宅配ボックスは共有部分であり、専用使用を排他的に認めている部分ではありません。よって、規定している日数を過ぎている場合は組合が取り出すことができます。中に宛名が書いてあることが通常なので、その方に連絡をとって渡します。まれに宛先が分からない場合には、勝手に処分することはできませんから、掲示板あるいは宅配ボックスの周辺などに掲示して所有者が明らかになるまで、組合で保管することになるでしょう。
② 集合郵便受けも共用部分ですが、専用使用を認めていると考えられます。したがって、宅配ボックスと異なり、中に入っている物を組合が取り出すことはできません。もっともあふれ出て下に落ちた物については、一見してチラシ等のようなものであれば処分してもよいでしょうが、郵便物等については、郵便受けに入らなければ保管したうえで本人に渡すべきでしょう。

　法的見解と対応策

共にエントランスという共用部分に設置されている宅配ボックスと集合郵便受けは、利用目的も似ているようですが、法律の規定、専用使用の扱いが異なります。

郵便受けは、郵便法43条でマンションの場合には建物の出入り口又はその周辺に設置が義務付けられているものです。一方宅配ボックスは法律上の規定はありませんが、住民にとって便利なもので、近年普及している設備です。

実務的な対応策と注意点

1　宅配ボックスの生ものの扱い

　冷蔵用の設備を設けていない宅配ボックスでは、腐敗や異臭等の問題を防ぐため生ものの使用禁止とすることが望ましく、マンションの使用細則等には記載がなくとも、取扱説明書等に記載されていることが通常です。万が一生ものが保管されている場合等は、その旨の周知を図りましょう。

2　宅配ボックスの長期放置の原因

　連絡票の紛失、荷物が届いていること自体を忘れてしまっている、などのうっかりによることが考えられますが、ごく稀に私物の荷物入れとして利用しているケースもあるようです。この見極めは難しいですが、頻繁にふさがっていて、他の住民の利用に極端に支障をきたすような場合は、定期的にチェックをする、利用ルールを策定し周知するなどの方法を検討する必要もあるでしょう。

　お歳暮・お中元の時期に特定の居住者宛の荷物が増加したり、インターネットでの買い物を趣味としている居住者宛の荷物でいっぱいになるケースもあります。同様に他の方の荷物が受け取れなくなることを周知するなどの対応を検討しましょう。

3　長期不在の場合の郵便受けの対応

　長期出張などで不在者の居所が分かっている場合には連絡をとり、郵便局に転居届を出してもらうとか、許可を得て投函口にチラシが入らないような措置（封をする等）を取る等の対応を検討しましょう。

　なお、投入口に封をする場合、表からガムテープを貼るのは美感を損ないますし、一見して不在住戸と分かってしまいます。裏側から止めるなどの工夫が必要です。

　集合郵便受けの上部に「チラシお断り」の表示をし、それでも投函される場合には、チラシに記載のある電話番号に電話して投函しないよう要望してもよいでしょう。良心的な会社の場合は、中止してもらえる場合もあります。

〈施設の設置又は撤去〉

Q15
① 屋上にあった電波障害対策施設が不要になったので撤去したいと思います。どのような決議が必要でしょうか。
② 屋上に携帯電話のアンテナ施設を設置したいと考えています。どのような決議が必要でしょうか。

A
① 当該施設は共用部分であり、その変更となりますので、その形状又は効用の著しい変更にあたらなければ普通決議であり、あたれば特別決議となります。その機能が不要になったため撤去するということですので、効用の著しい変更にはあたらないといえるでしょう。

また状況にもよりますが、屋上の施設の変更で形状が大きく変わるということは通常は少ないといえるでしょうから、こちらも該当しないといえ、普通決議となります。

② 新たに設置するアンテナ施設も共用部分であり、**Q**①と同様に考えます。これは、収益事業として携帯電話会社と管理組合との契約に基づく新たな施設の設置と考え、マンション施設の効用の変更には該当しないでしょう。また形状についても**Q**①と同様に大きく変わるということは通常はないと考えます。よって普通決議となります。

 法的見解と対応策

1 形状又は効用の著しい変更を伴うか（法17条1項）

この判断については、悩ましいと思われる場面も多いと思います。標準管理規約47条関連のコメント⑤において、いくつかの具体例が示されていますので参考にしてください[1]。

今までの施設を古くなったため新しいものに取り換える、というように修繕業務の一環といえる場合には、管理組合の業務として理事長判断で行うことができます。もっとも、そのような場合でもある程度の費用がかかる場合には、総会での予算案の承認が必要となることが多いでしょう。

逆に、**Q**①において予算案として承認されていることをもって、承認

があったとみることができるかと聞かれることがありますが、共用部分の変更の決議は厳密には予算とは別ですので、個別議案にしておくべきでしょう。

2　共用物の処分との違い

　管理員室住戸を売却する場合（**Q12**　P.27）は、共有の所有権を変更することとなり、共用部分の処分として区分所有者全員の同意が必要であることと異なり、Q①の施設の廃棄は、共用部分の変更をすることとして組合の決議で行うことができます。

 実務的な対応策と注意点

　総会議案を検討する理事会の場では、普通決議か特別決議かについてよく問題になります。法律的には普通決議と解釈されていたり、普通決議を有効とする判例があることを根拠に普通決議とする場合でも、後に区分所有者同士で遺恨が残らないよう、充分な説明を尽くすことが必要です。

1　ア）バリアフリー化の工事に関し、建物の基本的構造部分を取り壊す等の加工を伴わずに階段にスロープを併設し、手すりを追加する工事は普通決議により、階段室部分を改造したり、建物の外壁に新たに外付けしたりして、エレベーターを新たに設置する工事は特別多数決議により実施可能と考えられる。
　　イ）耐震改修工事に関し、柱やはりに炭素繊維シートや鉄板を巻き付けて補修する工事や、構造躯体に壁や筋かいなどの耐震部材を設置する工事で基本的構造部分への加工が小さいものは普通決議により実施可能と考えられる。
　　ウ）防犯化工事に関し、オートロック設備を設置する際、配線を空き管路内に通したり、建物の外周に敷設したりするなど共用部分の加工の程度が小さい場合の工事や、防犯カメラ、防犯灯の設置工事は普通決議により実施可能と考えられる。
　　エ）IT化工事に関し、光ファイバー・ケーブルの敷設工事を実施する場合、その工事が既存のパイプスペースを利用するなど共用部分の形状に変更を加えることなく実施できる場合や、新たに光ファイバー・ケーブルを通すために、外壁、耐力壁等に工事を加え、その形状を変更するような場合でも、建物の躯体部分に相当程度の加工を要するものではなく、外観を見苦しくない状態に復元するのであれば、普通決議により実施可能と考えられる。

第1-4　セキュリティ

〈警備契約の共用・専有部分の一括契約〉

Q16 　組合で、共用部分と専有部分の警備を一括で契約する予定で、総会の普通決議で予算及び契約締結について承認を得ました。しかし「私は不要なので設備の設置も不要であるし、費用の支払いもしない。」という区分所有者がいます。どう対応したらよいでしょうか。

A 　専有部分は原則区分所有者の意思によって管理、使用することが原則ですから、専有部分に設備設置や費用負担を強制することは原則できません。

　消防法で義務付けられている住宅用火災警報器のように、法令等の根拠がある場合には組合としても設置を要請することができるでしょう。しかし警備契約について、そのような根拠がなければ、一般的には総会の決議によって専有部分への設置を求めることや専有部分に関しての費用負担を求めることはできないと考えるべきでしょう。

　法的見解と対応策

1　専有部分に関する制約

　専有部分であっても、その管理又は使用がマンション全体に影響を及ぼすような事項については、住民間の利害の衡平が図られる前提で規約で定めることができます（法30条1項、3項）。

　マンションの形状等にもよりますが、当該専有部分（バルコニーや専用庭等含む。）がマンション全体のセキュリティに関し何らかの特別な位置にある等の理由で、設備設置が必要な場合は、組合として設置を要請することも考えられます。但しその場合は利害の衡平という観点から、費用の負担について当該区分所有者の負担とするのか、組合負担とするのかなどの検討が必要になると思われます。

実務的な対応策と注意点

1 警備費用の考え方

民間の警備会社にはいろいろなメニューがあり、共用部分と全専有部分を一括契約することで割安になる、などのプランもあるようです。このような場合に、専有部分の利用と負担を希望しない所有者がいることを前提に、管理費から全額支出するという方法で経済的メリットのほか、マンション全体のセキュリティ機能が増加するのであれば検討し、総会で決議することも一案です。

2 セキュリティ対策

古いマンションでは、オートロック設備、防犯カメラ設備等がない場合もあります。また住民の高齢化、単身化や、地域の個別事情で犯罪の不安がある場合も考えられます。

このような場合には、警備会社との契約ばかりでなく、オートロック設備の新設や防犯カメラ設置費用と比較する等して、住民の理解を得られる総合的なセキュリティ対策を決議していくことも検討します。

なお、最も有効なセキュリティ対策は居住者間の声かけなどコミュニティ形成であることはいうまでもありません。

〈玄関ドアの鍵の紛失〉

Q17 玄関ドアの鍵をどこかに落として紛失したと区分所有者から申し出がありました。その鍵はエントランスのオートロック解除ができますので、拾った人が当マンションに侵入することが可能です。そのため、全戸の鍵交換の費用負担を、当該区分所有者に求めることはできますか。

A 取替え費用を請求できる余地はありますが、負担することになる額、全戸交換以外の方法、他の住戸での紛失状況、鍵紛失による立入危険性の上昇の程度等を検討したうえで、負担させるべき妥当な額を決定するべきと考えます。それらを検討せずに、ただ取替え費用を全額請求することは、権利の濫用(あるいは公序良俗に反する)として、無効になる可能性もあり得ます。

法的見解と対応策

1 建物の管理又は使用に関し共同の利益に反する行為の禁止

各区分所有者は、共同の利益に反する行為をしてはなりません(法6条1項)。オートロック解錠の鍵を失くした行為は、第三者が入手してマンション内に立ち入るおそれを誘引するため、共同の利益に反する行為といえるでしょうから、過失であっても責任があります。

2 紛失した当事者の責任の妥当な範囲

しかし、鍵を落とすという過失は誰にでも起こり得ると考えられること、盗難など本人に過失がない場合でも紛失があり得ること、また他の区分所有者が紛失している可能性も否定できないこと等を考えると、直ちに今回正直に申告した方に全額請求することは、額によっては酷といえ、組合からの権利の濫用として無効とされる余地が残ります。

紛失を申告すると、多額の費用を負担させられることとなると、今後正直に申告する人がいなくなり、かえってセキュリティに問題が出るおそれも考

えられます。またオートロックはセキュリティ確保のうえで絶対的ではないので（他人の出入りに便乗することが可能）、それに対する投下費用としての妥当性を考え、交換をしないという選択肢や他の方法の検討をすべきでしょう。

　以上のように検討したうえで、最終的に必要となった費用が生じた場合に、本人に妥当な範囲の請求をすることは可能と考えます。

 実務的な対応策と注意点

オートロックを開閉できる鍵にはいくつか種類があります。

1　逆マスターキー

　住戸の鍵と同じ鍵をエントランスの鍵穴に差し込むと開閉します。この種類は、住戸の鍵を紛失した場合、住戸鍵を交換しても、紛失した鍵でオートロックを開けることができます。紛失した鍵で開かなくするためには、全住戸の鍵を交換することが必要です。鍵を紛失した状況にもよりますが、鍵に住所と氏名を書いておく人はいないことから、紛失した鍵で侵入されるおそれは低いと思われます。

2　非接触キー

　電磁的にオートロックを開閉できるキーが存在します。この種類は、電磁的なキーの部分の記録を書き換えることにより、紛失した鍵でオートロックを開閉できなくすることができます。この場合は全戸の鍵の交換は必要ありません。

3　暗証番号

　上記に加えて、暗証番号の設定ができるものもあります。鍵の紛失リスクはありませんが、この場合でも暗証番号の漏洩というリスクがあります。なお、電気・ガスの検針員が入館できないので暗証番号を教えてほしいという依頼があります。こうしたケースでは暗証番号の取扱いについて書面を交わして伝えることもあります。

4　保険による対応

　管理組合が加入している住宅総合火災保険では、鍵の紛失までは担保されていません。また、区分所有者でなく、賃借人が紛失した場合も、賃借人が付保している借家人賠償責任保険では担保されていません。

第1-5 電　気

〈高圧一括受電方式への変更〉

Q18 マンションの電気代が安くなるという高圧一括受電方式を検討しています。制度、切替え方法、注意点を教えてください。

A

1 高圧一括受電方式とは

今まで、マンションの各住戸及び（共用部分について）管理組合が、地域電力会社と個別に低圧受電契約を締結し電気を受給していることが通常でした。電気の自由化の一環として、電気事業法が改正され、一括受電業者とよばれる事業者がマンション全体の電気を一括で、地域電力会社から高圧受電（購入）して、各住戸や共用部分に低圧変換して供給する方式（高圧一括受電方式）が登場しています。

2 メリット

一括受電業者は、地域電力会社から高圧で一括で購入することで、個別低圧の購入よりも安く購入し、自分で所有する受変電設備の費用や利益を引いた額で住戸や共用部分に電気を供給します。それでも各住戸や共用部分は、従来の個別低圧電力より安く受給できることがメリットです。共用部分のみの電気代を削減する方法と共用部分と各住戸の双方の電気代を削減する方法があります。共用部分のみの場合は、共用部分としての電気は削減率が大きくなりますが、区分所有者はそのメリットを管理費の節約というかたちで享受できますが、自己の住戸の電気代は変わりません。

3 デメリット

一括受電方式は全ての住戸が同一の受電業者から受電することになるので、区分所有者全員の同意が必要です。現在他の事業者と個別契約している契約を全員切り替えることになります。また、手続にかかる手間や切換え工事時の停電等についての理解を得ることも必要です。

また事業者はマンションに受変電設備等の設置など初期投資をすることもあり、一括受電契約は10年程度（事業者によって異なりますし、今後変更されることもあると思われます。）の一定の期間は料金の変更ができないことが多いことを了解する必要があります。

 法的見解と対応策

1　決議の方法

　共用部分の小売電気事業者の変更は、標準管理規約の総会決議事項である「その他管理組合の業務に関する重要事項」（48条15号）にあたるといえ、導入工事の方法も「形状及び効用の著しい変更を伴わない」といえる場合には、普通決議で可能と思われます。

　もっとも、デメリットで述べたように、拘束力が長くまた区分所有者全員の理解が必要となることから、慎重を期して特別決議としているケースもあるようです。

2　規約の変更

　受電方式が規約に定められていることは少ないと思われますが、借室を使用させている電気事業者の名称等が現在の事業者であるような場合には、特別決議による規約の変更が必要になります。

 実務的な対応策と注意点

　高圧一括受電方式は、（株）大和ライフネクストの事例では、新築マンション時から事業主が導入しているケースが7割〜8割を占めており、後から変更するケースはそう多くありません。やはり、全住戸からの同意書の取得が必要であることがそのハードルとなっているようです。

　電力自由化により、料金体系はますます複雑化しています。管理組合として検討する場合には、共用部分の電力削減のメリットなどを慎重に検討するようにしましょう。

〈住戸の電気容量の増量〉

Q19 ある区分所有者がIH家電を使用するため、契約電気容量を40Aから60Aに増量しようとしたところ、マンション全体の容量が不足しているので増量できないと電力会社からいわれました。他に増量してIHを利用している住戸が他にあるのに、不公平だからなんとかしてくれといわれています。どうしたらよいでしょうか。

A ① マンション内のルールを確認あるいは策定して対処する必要があるでしょう。分譲時に、各住戸の上限容量を規約で定めているのであれば、それ以上に増量している住戸に対して減量をお願いし、依頼者に対しても規約通りまでの増量を確保することも可能でしょう。

　しかし、規約に定めがなく、ルールもなく早い者順で増量してしまっているような場合には、あらためてルールを策定し、対応するべきといえます。あらためて上限を定めたとしても、既に上限を超えて利用している方の理解を得る必要もあります。

② マンション全体の容量を増量する工事をすることも選択肢です。形状又は効用の著しい変更を伴わないものとして、普通決議で行うことができますが、物理的な制限や費用の問題が解決できるかという点が一番の課題と思われます。

法的見解と対応策

1　電気容量の利用分配ルールの考え方

マンション全体の電気設備は共用設備であり、その利用分配に関する重要な事項と考え原則は規約により定めるべきといえますが、既にある程度使用実態がある段階での運用ルールという考えであれば、集会決議でのルール策定とすることも可能です。

2　既に増量している住戸に対する「特別の影響」

既に上限を超えて利用している方がいる場合に新たに規約で制限を課

す場合には、その方に「特別の影響」を及ぼすかどうか（法31条1項但書）が問題になる可能性があります。駐車場使用料の改定では判例により考え方が示されています（**Q10** P.28）ので、電気容量でも多くの電気を必要とする事情、今までの経緯等を総合的に考慮して判断することとなるでしょう。全体の容量の余力によっては、その方が住まわれている限り減量しなくてよい、といった案も考えられるかもしれません。

また増量工事は電力会社が無償で行いますが（その後の料金増加で回収できると見込んでいるため）、減量工事は有料となりますので、その負担についても決める必要があります。

 実務的な対応策と注意点

1　売買や賃貸に際しての説明

古いマンションほど、容量が小さい傾向にあるといえます。売買や賃貸に際しても、電気容量の限度があることを説明するようにしましょう。使用細則に記載しておくとよいでしょう。

2　過度に容量の大きい住戸への対応

トラブルになった事例を紹介します。**Q**にあるような一般的な家電製品ではなく、プロ向けの大型電気調理器具を搬入し、管理組合への届出なく配線工事をし、当初の倍以上の電気容量を使用している住戸がありました。他の住戸が電気工事をしようとした際に、既に余剰がないとの電力会社からの指摘により発覚しました。

このケースでは、その器具を利用している間は他の家電製品を使用しない前提の容量を上限とし、全量ではなく若干の減量をすることで合意しました。

このように特定の住戸が過剰に利用している場合は、その住戸を特定し交渉することも必要です。最近の消費電力が小さくて高性能なエアコン、冷蔵庫などの商品の購入や、電気の節約を呼びかけてもよいでしょう。

第1-6　組合と住戸

〈住戸内への立入り〉

Q20
① 消防用設備点検に際し、住戸内への入室を拒否し10年以上点検がされない住戸があります。組合が強制的に立ち入ることはできますか。
② 漏水事故が発生したため、上階の住戸内へ立ち入って調査や作業をしたいが入室を拒否されて困っている、と下階の所有者から相談をされました。どうしたらよいでしょうか。

A
① 本人の承諾なく立入りをすることはできません。火災が起きた時に、消防士等が立ち入ることが消防法29条で認められていることとは異なります。

　他の区分所有者全員又は管理組合法人は、予防措置請求（法57条1項）で、組合は立入り請求（標準管理規約23条1項、2項）で立入り及び点検を請求することはできそうですが、任意に応じてもらえない場合は、裁判による判決を得て、強制執行することになります。

② A①と同様に、承諾なく立ち入ることはできません。下階の方は上階の方に専有部分の使用の請求（法6条2項）をすることができます。また漏水が共用の配管によるのであればA①と同様に考えられます。どちらの場合も強制するには裁判が必要です。

　下階に漏水した場合の上階の区分所有者に対し、調査、作業のため立入りを受忍すべき義務があり、拒否することは正当な理由がない限り不法行為となるとした事例[1]もあり、上階の区分所有者は正当な理由なく拒否することはできないといえるでしょう。

1　大阪地判昭54.9.28判時960号82頁

法的見解と対応策

1 （Q①について）消防法と区分所有者の義務

　消防の管理権原者（通常所有者ですが、マンションの場合は全体について管理できる管理組合、通常はその理事長）は、消防用設備等を定期的に点検し消防署長等に報告する義務があります（消防法17条の3の3）。これに反すると罰則（罰金又は拘留）があります。

　このように罰則まで伴って法定されている義務ですので、10年以上行わない等違反の程度が甚だしい場合は、建物の保存に有害な行為又は建物の管理に関し共同の利益に反する行為（法6条1項）と考えられ、予防措置請求（法57条1項）をすることができると考えられます。

　この場合の主体は、厳密には管理組合ではなく、他の区分所有者全員又は管理組合法人となっていることにご注意ください。

2 （Q②について）請求する主体

　漏水原因が上階の方の専有部分に属する枝管である場合には、下階の方が請求する主体であり、共用部分に属する本管等である場合は、他の区分所有者全員又は管理組合法人、もしくは規約に基づき管理組合が主体となります。もっとも、調べてみないとどの管なのか分からないという場合には、まずは共用部分と推定されることから（法9条）、組合が主体となるでしょう。

 実務的な対応策と注意点

1 入室が必要な作業について

　消防用設備点検は、法律の規定で年2回実施します。最新の設備では、住戸内に立ち入らずに外部から点検できるものもあります。そうした設備が開発されるほど、入室が困難な住戸の存在は問題になっているともいえます。点検の実施率が100％になることはほとんどありません。

　他に入室の必要な点検には特殊建築物定期調査があります。必要性ばかり

でなく、工事や点検の実施要領を丁寧に説明し、不在住戸や立入拒否住戸を減らしていくことが必要です。

2 入室率をあげる方法

入室拒否の原因としては、「忙しい」「恥ずかしい」「怖い」の3種類があるように思います。

(1) 「忙しい」について

対応策として土曜日、日曜日などの休日に点検することが考えられます。ただし点検会社の中には休日は割増し料金が発生する場合もあります。理事会にて実施率の目標を掲げ、在宅を自主的に呼びかけて目標をクリアした事例もあります。

(2) 「恥ずかしい」について

これは部屋が散らかっていることを他人に見られたくないという心理からきています。点検は全部の部屋に立ち入ることはなく、対象箇所は限られています。対象箇所を事前に告知することにより、実施率が上昇したケースもあります。

(3) 「怖い」について

女性が一人で暮らしている場合に他人を部屋に入れたくないという心理です。点検員や作業員が2名以上で入室する依頼したり、女性の担当者を依頼する方法があります。また、入室中は玄関ドアを開放しておく、窓を開けておくなどの対応も提案してみてください。

〈住戸内での作業、設置の強制〉

Q21
① 組合で、排水管清掃を1年に1度一斉に行っていますが、10年以上清掃をしていない住戸があります。強制的にできますか。
② ガス検知器（ガス漏れ警報器）をはずしている住戸があります。設置を強制できますか。

A ① 住戸内で清掃をする排水管は、台所、洗面、浴室の雑排水を流す専有部分に属する管です。しかし、清掃しないことで排水不良や悪臭の発生、管の劣化が進むなど、マンションの共同の利益に反するおそれがあるので、管理組合が管理費から支出して一斉に清掃することが多いようです。清掃しないことが共同の利益に反するといえる場合には、裁判による判決による強制執行が理論的には可能です。
② ガス検知器は、火災報知機と似ているため共用部分と誤解している方がいますが、専有部分となり、設置を強要することはできません。

法的見解と対応策

1 雑排水管の性格

トイレの汚水管は、清掃しなくても問題ないように管の口径が太く、水の量も設定され、汚れが付着しづらく設計されており、清掃することはあまりありません。これに対して台所や浴室の排水は、料理の油が固まりになったり、髪の毛が絡みついたりして詰まりを起こしやすいため、定期的に清掃をしないとAに述べたような不具合が生じます。

排水管の所属は（**Q23** P.50）にもあるように、住戸内にあるから必ずしも専有部分とは限りませんが、通常洗浄対象となる部分は、専有部分であることが多いと考えられます。

専有部分であるとしても、清掃をさせないことがマンション全体の共同の利益に反するのであれば（法6条1項）、裁判による解決を求めることは可能でしょう（法57条1項）。

現在の排水管は耐火二層管、つまり内部は塩化ビニールであることが多く、昔の鋳鉄管と異なり清掃しなくても管そのものは劣化しにくいようです。しかし清掃しないで詰まってしまった管に水を流していると、そこから水があふれて下階の住戸に漏水するなどの危険があります。

なお、雑排水管清掃の協力を拒絶した区分所有者の行為が、共同の利益に反する行為には当たり得るとしても、それにより競売請求までは認められないとした判例があります[1]。

実務的な対応策と注意点

1 清掃について

法的請求は時間と費用から現実的ではありません。清掃しない不利益は、一番はその住戸に及ぶものですから、個別にお願いしてみましょう。

(1) 清掃の実施方法

専有部分の雑排水管の洗浄と同時に共用部分の管も同時に清掃します。また通常は、専有部分は下階から実施します。上階から清掃してしまうと、下階につまりが発生するおそれがあるためです。

(2) 清掃費用の支払い

実施しない住戸の分は支払いをしない（実費精算）場合と、実施しない住戸があっても、全住戸分の支払いをし、一定期間の保証をつける（実施していない住戸でも詰まりが発生した場合に保証期間内は対応する）などの契約方法があるようです。管理組合にあった契約方法を選択してください。

2 ガス検知器の特徴

耐用年数は5年の製品が多いようです。劣化すると「良く鳴動する」のが特徴です。一般的には、古くなるとならなくなるかと思いきや、逆なので、誤報が多くなることや、うるさいことから取り外してしまう人が多いようです。耐用年数が近づいてきたら、交換を呼びかけるなどするとよいでしょう。

1　東京地判平22.5.21平成20（ワ）第900号

第1章 マンションの場所・機能のトラブル

〈リフォームの同意〉

Q22 リフォームする場合には隣接住戸（上下、左右、斜めの原則8戸）所有者の同意書を添付して理事会に申請し理事長の承認を得るという使用細則があります。一つの住戸がどうしても同意してくれないので、除外して承認してほしいと理事会に相談がありました。どうしたらよいでしょうか。

A 不同意の理由が、明らかに不合理である、嫌がらせであるなどと判断できる事情があるのであれば、「損害賠償等の紛争を当事者間で解決します」という誓約書をリフォーム当事者から提出してもらい、同意なく承認をすることも考えられます。

しかし、不同意の理由が工事中の騒音等の一過性のものではなく、防音性に影響する床材の変更等が理由であるなどの場合は、不同意に明らかに合理性がないか否かを判断することは簡単ではありません。安易に理事会や理事長が承認して騒音問題が起きた場合には、理事会に対しての損害賠償請求の恐れがありますので、慎重に判断すべきです。

当事者間で話し合っていただくようご理解いただくべきでしょう。

法的見解と対応策

1 説明及び同意の目的

工事に際しては、騒音・振動の発生、エントランス、エレベーター、廊下等の共用部分の使用など、他の住民の方に迷惑をかけることになりますから、その旨を事前に連絡すること、工事時間や休日の調整を図ることは、隣接住戸に対してのみならず必要です。この点は、隣接住戸所有者のみでなく、賃借人等の実際の居住者に対しても説明されるべきです。

さらに、リフォームによって床材変更や何らかの設備設置等（楽器演奏の防音装置、トレーニングルームの設置のための改造等様々な利用目的と設備が考えられます。）を行う場合は、工事期間中の問題とは別にその後の生活上の騒音、振動等に長くかかわる問題となることから、特に隣接

住戸所有者に配慮したものと考えられます。

2 規約又は使用細則の改訂

1のように、一定程度規定には合理性がある一方で各区分所有者の権利を過度に規制することも望ましくはありません。標準管理規約17条のコメントでは、特に高経年化に伴う修繕の必要性の増加を踏まえ過度な規制を避けるべきと述べるとともに、部位毎の規制の考え方の例を別添資料で示しているので参考にしてください。

同意を必要とする工事内容を最低限に制限する、同意が取れない場合に、リフォーム申請者が当事者通しで紛争解決に責任を持つ条件で許可する等の例外規定を設ける、等の改訂を検討することも一案と思います。

3 リフォーム申請者は何ができるか

むろん、隣接住戸の方に対して任意の交渉をすることの他、法的手続（訴訟の他、調停やADR等の手続も含みます。）で、同意を求めることも論理的には可能です。リフォームの必要性、リフォームにより他住戸に及ぼす影響が受忍限度内であること、相手方の不同意の理由に合理性がないこと等の事情が総合判断されることになるでしょう。もっとも、時間、手間と費用が掛かることは認識しておいてください。

 実務的な対応策と注意点

音によるトラブルの事例を紹介しましょう。高齢のご夫人から「夫が病で寝ているにもかかわらず、上階の子供が走り回ってドスン、ドスンと音を立てる、との相談がありました。管理員の話では「上階の奥様は2人の子供が床を歩かないよう、一日中抱きかかえていて腱鞘炎になったようです。被害者はどちらなのか分かりません。」とのこと。

音の問題は主観による部分も大きく、当事者以外では解決しにくいのも確かですが、知らない人の発生させる音は許せなくても、知人の音は気にならないものです。騒音問題も居住者間のコミュニケーションにより解決する場合もあります。

第1-7 誰が管理・修繕するか

〈排水管・ジョイント部分〉

Q23 排水管の本管（いわゆる縦管）、枝管（いわゆる横管）及びジョイント部分（継手）は誰が管理や修繕するのでしょうか。

A 本管は管理組合、枝管は区分所有者というのが一般的です。
継手については、標準管理規約によれば、雑排水管及び汚水管の配管継手及び縦管は共用部分とされていますので、管理組合の責任で行うことになります（規約第8条の引用する別表2「共用部分の範囲」2）。

規約に定めがない場合でも、枝管の場所や構造等による例外を除き、縦管への接続部分として共用部分と考えるのが妥当と考えられます。

 法的見解と対応策

1　排水管の所属と管理修繕区分

枝管は、専有部分の付属物として専有部分に属すると一般的に考えられています。標準管理規約でも、枝管は「共用部分の範囲」から除外されています（規約第7条3項、第8条1項）。

もっとも、本管が共用部分であることは争いがないのに対し、枝管についてはいくつかの考え方があります。本管か枝管かで区分けされるのではなく、設置場所、構造、機能、共同の維持管理の便宜を有するか、等の事情から共用部分性を認定するとした判例もあります[1]。

継手部分についても原則共用部分と考えられますが、枝管の事情が特別ある場合には、その事情を加味する必要があると考えられます。

2　（参考）組合が共用部分と一体で専有部分の設備の管理を行う場合

(1)　排水管は枝管が専有部分であるとしても、共用部分である本管と構造上一体となっている部分については、組合が一体として管理を

---

[1] 最判平12.3.21判時1715号29頁、判タ1038号179頁

行うこともできます（標準管理規約21条2項）。管理・修繕も一体として行った方が機能上も望ましく、効率的でもあり、組合と区分所有者双方にメリットがあると考えられるからです。規約に定めてなくとも、総会の決議をもって同様の対応ができるでしょう。

(2) もっとも、(1)のとおり、一体として管理修繕を行うとしても、必ずしも専有部分に対応する費用が組合負担となるものではありません。全戸一斉に清掃を行うことが、共用設備の保守維持に必要であると考え、「共用設備の保守維持」費用として管理費から支出する場合もありえますが（規約27条3項）、取り換えの場合には、個人の資産となることからも希望者が費用を負担すべき、と考えられます。

3 漏水の場合の責任

漏水事故が発生した場合に、管理等に問題がない場合は原則として所有者の責任となりますが（民法717条1項）、原因個所が明らかでない場合もあります。この場合は特定の専有部分が原因であると証明がない限り、共用部分の瑕疵であると推定することとされています（法9条）。

これに対し、原因個所が明らかであるが、それが共用部なのか専有部分なのかというのは法9条とは別問題で、この場合の責任主体は、管理修繕と同様に考えることとなります。

  実務的な対応策と注意点

国土交通省「長期修繕計画作成ガイドライン」修繕周期の例（標準様式第3-2号記載例の修繕周期（参考）から）では、排水管の更正工事は15年、取替工事は30年周期となっています。

実際に排水管の交換工事をするときは、共用部分と専有部分は同時に行います。専有部分の工事には、一部の壁床を剥がすなどの内装工事も必要となり内装工事費用も発生します。交換が必要な築30年になると、区分所有者の高齢化などで一時金の徴収が難しくなり、費用負担の問題が発生する可能性も高くなることを認識しておきましょう。

〈玄関ドア、サッシ、シャッター等に付随するもの〉

Q24
次の部分は誰が管理や修繕するのでしょうか。
① 玄関ドアのクローザー（ドアの上部にあって開閉の測度等を調整する部品）
② 玄関ドアの横にある新聞受け
③ 住戸内に設置された、共用部分であるシャッター（雨戸又は防犯用）の開閉のための住戸内操作スイッチの不具合
④ 窓ガラス、サッシの戸車、クレセント
⑤ メールボックスのダイヤル部分の壊れ
⑥ 外壁のFIX窓（開閉できない窓）、ガラス庇

A 管理規約の定めにもよりますが一般的に①〜⑤いずれも、専用使用権がある共用部分に該当し、通常の使用に伴う保存行為は、区分所有者が行うこととなります（標準管理規約20条1項但書）。

しかし経年劣化等で修繕、取替え等が必要な場合は、通常の使用に伴うものではなく、組合が行うことが原則です（同項本文）。

規約に定めがない場合であっても、特別な定めや総会での決議がない限り、通常の使用に伴う管理、修繕は区分所有者が負担します。

⑥特定の住戸が専用使用しているようにも見えますが、建物の外壁の一部であり、通常の使用に伴う保存行為を行うのは管理組合です。

 法的見解と対応策

1 「通常の使用」とは

バルコニーの劣化が、長期修繕計画作成ガイドラインの周期と比べて短い場合や他のバルコニー等と比較して劣化の程度が顕著な場合には、特段の事情がない限り、専用使用権者の「通常の使用」に伴う劣化であるから、専用使用権者の責任で修繕すべきとしており（標準管理規約21条関係コメント⑤）、「通常の使用」とは、判断が悩ましい場合には標準的な耐用年数や他の住戸の劣化度合い等を考慮して判断されることになります。

Q④の窓ガラス、サッシの戸車、クレセント等の経年劣化において、一部の区分所有者等に一括修繕がなされた場合に、通常使用に伴う修繕であるので、各区分所有者の負担で行うべきとされた判例があります[1]。

2 故意又は過失による破損の場合

第三者による破損が明らかな場合には、通常の使用に伴うものではないので組合の負担となり、組合はその第三者に求償することができます。賃借人や同居人による破損の場合は、通常の使用に伴うものとして、区分所有者が修繕する義務を負います。区分所有者は、賃貸借契約の定めに基づき賃借人等に求償することになるでしょう。

 実務的な対応策と注意点

1 管理組合で実施する場合

専用使用部分であっても、次のような場合に、管理組合が日常の管理や修繕を一斉に実施する場合があります。

・大規模修繕工事と同時に修理、交換する場合
・全戸一斉実施が経済的・時間的に効率がよいと考えられる場合
・危険箇所等、専門業者に依頼する必要がある場合

2 Q⑥のバルコニーのない外壁のFIX窓や最上階のガラス庇

屋上からゴンドラを利用して吊り下がって清掃をするしかなく、専門業者に依頼する必要があります。

共用部分の清掃であり、全体の管理費からの費用負担が原則ですが、特定の縦系列の住戸のみ、最上階の住戸のみに設置されている場合が多く、該当しない住戸からは不公平であるという議論が生じることがあり、清掃の恩恵を最も受ける該当住戸から清掃費用の一部を徴収する場合もあります。

1　仙台高判平21.12.24平成20年（ワ）502号

第2章

ルール・運営組織・組合員の情報に関するトラブル

第2-1 総　会

〈総会招集通知の手違い〉

Q25 総会の招集通知と議案書を現在の区分所有者ではなく、前区分所有者に送付してしまいました。招集通知等を送付する直前の区分所有者の変更だったため、誤って前の所有者に送ってしまったようです。総会は例年通りの議題のみで、出席者全員の賛成により何事もなく終了しましたが、新しい区分所有者から、総会の決議は無効だと主張されています。決議は無効なのでしょうか。

A 本件では、総会の招集直前に区分所有者が変更されており、従前の区分所有者に招集通知を送付してしまい、現在の区分所有者には通知をしなかったとのことですので、区分所有者1名に対して通知を送付しなかったという点で、招集手続に瑕疵があるといえます。

しかしながら、①通知が届かなかった区分所有者は1名のみで、他の区分所有者には通知が届いたこと、②議題が例年通りの内容で、通知が届かなかった区分所有者にとって特別に不利益を及ぼすような重大な議題はなかったこと、③総会が多数の賛成により可決したこと、などを考えると、瑕疵の程度は重大であったとまではいえずこの総会決議は無効とはならない可能性が高いと考えられます。

法的見解と対応策

1　招集通知の送付

総会を開催するためには、各区分所有者に対し、会議の目的を示して招集通知を送付しなければなりません（法35条1項）。専有部分が複数の所有者による共有に属する場合は、当該共有者の中から1名を議決権行使者として指定してもらい（法40条）、この議決権行使者に送付します。指定がない場合は、共有者のうちの1名に送付します（法35条2項）。

区分所有者は、招集通知を受ける場所を指定することができ、この指定がない場合は、マンションの専有部分に充てて通知を送付します（法35条3項）。

2　招集手続の瑕疵と決議の無効

招集通知は、それぞれの区分所有者に対し、総会への出席を促し、あらかじめ検討した上での議決権行使を可能にするため、総会より前に送付する必要があります。

招集通知の送付に不備があるなど、招集手続に瑕疵があった場合、再度招集手続をはじめからやり直して、再度総会を開催するのが最も確実ですが、大勢の区分所有者に再度集まってもらうのは大変です。そのため、裁判では、招集手続に瑕疵があった場合、直ちに総会決議が無効になるとは判断されません。裁判上、決議が無効となるのは、手続の瑕疵が重大である場合であると考えられます[1]。具体的には、事前に意見を述べる機会があったか、決議の内容が重要だったか、当該区分所有者が出席した場合に同じ結論となったか、という点を総合的に考慮して、瑕疵が重大か否かを判断した上で決議の有効性が判断されます。

 実務的な対応策と注意点

専有部分が売買されたり、区分所有者の死亡により相続人の所有となるなど、区分所有者が変更されることは、よくあることです。管理組合は、区分所有者が変更となった際には、当該専有部分の所有者にその旨届け出るよう忘れずに伝えるなど、注意を払う必要があります。

また、総会の開催通知は、郵送や投函によるもののほか、掲示板等にも掲示することも求められています。総会の開催通知は、みやすく目立つようにする（冊子のままでなく、1枚ずつ貼るなど）、通常の掲示板以外にも裏動線（例えば自転車置場出入り口など）にも掲示するなどの工夫をしてみましょう。

1　東京地判昭63.1.28判タ702号255頁

〈議事録署名人の不足〉

Q26 総会を開催したところ、ほとんどの区分所有者が委任状により議決権を行使し、実際に総会に出席したのは、議長ともう一人のみでしたが、総会決議は有効ですか。また総会議事録には、議長のほかに2名の署名が必要だそうですが、どうしたらよいでしょうか。

A 区分所有法では、総会の成立要件を定めていません。通常は所有者数と議決権の過半数で議決することになり（法39条1項）、委任状により代理人が議決権を行使することも有効です（同条2項）ので、規定の数に達しているなら、決議は有効です。

議事録に署名できる組合員が参加していないということですから、区分所有法で定める署名はできないこととなりますが、決議の有効性に影響はありません。ただし、後に決議について争われた場合などに、議論の過程や決議方法等に問題がなかったかの証明が難しいということを認識しておく必要があります。

法的見解と対応策

1 総会議事録の作成

総会の議長には、議事録を作成する義務があります（法42条1項）。そして、その議事録には、議長と、総会に出席した区分所有者2名が署名押印しなければなりません（同条3項）。

2 議事録署名人の不足

議事録に区分所有者2名の署名押印が求められる理由は、議事録が正しく作成され、虚偽等の記載がなされていないことを確認することにあります。

そのような理由に鑑みますと、ご質問の件においては、総会に出席したのは議長と、他の区分所有者1名のみとのことですので、この2名が

議事録に署名押印するほかないものと思われます。

　議事録署名人が1名不足しているという点で、区分所有法の規定を満たさないこととなりますので、後に決議の過程についての証明をすることが難しい可能性が残りますが、決議の有効性に影響はありません。

 実務的な対応策と注意点

　議事録に複数名の出席者が署名押印することの目的は、議事録が総会の内容に基づき正しく作成されているかどうかを確認することにある、という目的に照らしてみますと、今回のケースでは、議長と出席区分所有者に加えて、総会に管理会社の担当者が出席している場合は、その担当者が署名押印することも考えられます。

　その際には、

「出席区分所有者が議長のほか1名であり、議事録署名人が区分所有法の規定に1名満たないため、署名押印する。

　　　　　　　　　　　　　　●●管理株式会社　●●●●」

と表示するのが望ましいと思います。

　また、総会の出席者数に関しては、あらかじめ、議事録署名人の数にも留意し、不足しそうな場合は、区分所有者に対し可能な限り出席を促すようにされることをお勧めします。

〈総会開催請求のための名簿閲覧請求〉

Q27 私は、区分所有者です。現在の理事長が横暴で、その他の理事もそれを黙認しているため、何名かの区分所有者を募り、総会を開催して、理事長及び理事を交代することを考えていますが、理事長が区分所有者名簿を閲覧させてくれず、総会の招集通知の送り先が分かりません。何か方法はありませんか。

A 管理規約にて、区分所有者名簿を他の区分所有者が閲覧することについて規定がある場合は、その規定に基づき閲覧を請求します。標準管理規約では、「理事長は、会計帳簿、什器備品台帳、組合員名簿及びその他の帳票類を作成して保管し、組合員又は利害関係人の理由を付した書面による請求があったときは、これらを閲覧しなければならない。」として、閲覧請求を認めています（標準管理規約64条1項）。

管理規約に区分所有者名簿の閲覧に関する規定がない場合は、区分所有法にも同名簿の閲覧に関する定めはないため、同名簿の閲覧は、当然に認められるものではないといえます。

しかしながら、少数区分所有者による総会の開催を実現するための招集通知の送付のためですから、法的手続において同名簿の閲覧は認められるべきと判断される可能性もあると思われます。

法的見解と対応策

1　少数区分所有者による総会の開催

区分所有者及び議決権の5分の1以上を有するものは、管理者・理事に対して総会を招集するよう請求することができます（法34条3項本文、47条12項）。この請求に対し、2週間以内に招集通知が発せられなかったときは、この少数区分所有者は、自ら集会を招集することができます（法34条4項）。今回のケースは、この少数区分所有者が総会を招集する手続のため、区分所有者名簿を閲覧したいというものです。

2　区分所有者名簿の作成

　区分所有者名簿とは、区分所有法上、管理組合が法人である場合に備え置くことが求められます（法48条の2第2項）。法人化されていない管理組合の場合でも、通常、区分所有者への連絡手段確保のため、区分所有者名簿を作成している管理組合が一般的です（標準管理規約64条1項参照）。

3　名簿閲覧請求の事例（第2-5　Q50改正個人情報保護法②参照）

　管理規約に規定があったマンションで、組合員の管理運営に関する意見を組合員に表明することを目的とする名簿閲覧請求に対し、本人に同意を求めたうえで住所、電話番号を含む名簿の閲覧を認めた事例[1]や、現理事会の運営が不透明であるため臨時総会を招集する賛同者を得る目的で閲覧を求めることは、正当な理由があるとして閲覧を認めた事例などがあります[2]。

 実務的な対応策と注意点

1　登記簿の閲覧

　理事長が説得に応じず、名簿の閲覧請求に応じない場合には、それぞれの区分所有建物の登記簿を確認することで、区分所有者の氏名、住所を把握することができます。手間と費用はかかりますが、ある程度確実な方法で、裁判で開示請求をするよりは現実的な方法といえるでしょう。

2　規約や細則の整備

　個人情報保護法の改正により、管理組合も個人情報取扱い事業者となりました。管理組合も名簿の収集、管理、利用目的の告知と運用等は適正に行う必要があります。理事長しか名簿にアクセスできないことは本問のようなケースでは問題となりますが、その一方、誰でも簡単にアクセスできることも問題があります。

　管理規約や使用細則で、名簿の作成や閲覧についてルールを明確にしておくことが望ましいでしょう。

1　東京地判平21.3.23平成19年（ワ）9700号、平成20年（ワ）9376号
2　大阪高判平28.12.9平成20年（ネ）1420号

〈議案書にない議案の議決の可否〉

Q28 総会の場で、出席したある区分所有者から緊急動議がなされ、議案書にない議題の提案がありました。どのように対応したらよいでしょうか。

A 総会では、あらかじめ通知した事項についてのみ決議をすることができ、事前の通知がない事項を決議することはできないのが原則です（法37条1項）。

ただし、管理規約にて事前の通知がなくても決議できる旨の規定があれば、その議題についても決議することができます（同条2項）。この場合、決議できる事項は、普通決議による決議事項に限られますので、特別決議事項についての議案は、管理規約に通知がなくても決議可能と規定されていても決議できないことに留意が必要です。

法的見解と対応策

1　法律の趣旨

あらかじめ通知した事項しか議決できないとする趣旨は、議案を事前に各区分所有者に知らせることで、総会に出席するかどうか、また、どのような意見を述べるか、いずれの案に賛成、反対するかなどを十分に検討、準備する機会を設けるためと、欠席区分所有者の保護を図るためです。

2　議決権行使書を提出した区分所有者の扱い

管理規約で事前の通知なくても決議できると規定されている場合に、議決権行使書を行使して、実際の総会の場には出席していない区分所有者は、緊急動議の議決には参加できないことになります。

議決権行使書を提出した人を除いて、実際に総会の場にいる区分所有者と委任状を提出した区分所有者の総計で、区分所有者数と議決権数の過半数を超えていれば、緊急動議について議事を決することができます。

実務的な対応策と注意点

　実際の規約において「集会においては、あらかじめ通知した事項でなくても、決議することができる」としている例はほとんどありません。

　理事の選任を輪番制としている管理組合では、次期役員候補者を列記していたところ、総会当日に候補者とは異なる立候補者が現れるという動議がなされることがままあります。

　こうした場合では、あらかじめ通知された議案が「次期役員選任の件」とされ、記載された氏名が候補者とされているであれば、あらかじめ通知された事項の範囲内であり、総会の場で候補者を修正することは可能と考えられます。ただし、こういう場合は、輪番制の候補者もしくは立候補者に対して、他の区分所有者が不適任と考えているなど、他の事情が関係していることが多いようです。当日、突然立候補者が現れたことで総会がスムースに進行しないような状況となることを避けるため、後日、理事の候補者を再調整して臨時総会を開催してもよいでしょう。

　とかく臨時総会の開催は、議案書の配付や場所の確保などの手間もかかるため、敬遠されがちですが、動議の範囲を拡大解釈して後に問題になるより、臨時総会を複数回開催するほうが納得感が得られやすいこともあります。急がばまわれ、の精神で動議がなされるような議案は、複数回、時間をかけてじっくり審議しましょう。

〈車いすレール設置のために総会決議がすぐほしい〉

Q29 交通事故に遭い、車いすで生活しなければならなくなりました。そのため、自宅マンションの専有部分に車いすへの移動用のレールを設置したいのですが、その設置には、共用部分である床に小さな穴を開けなければなりません。共用部分である床のコンクリートに穴を開けることになるので、「共用部分の変更」にあたり、総会決議の承認が必要だといわれました。次の総会が開催されるまで半年以上あるのですが、それまでレールを設置することはできないのでしょうか。

A ご質問の工事が共用部分の変更にあたるのであれば総会での決議なく工事をすることはできません。通常総会が先であるということであれば、臨時総会の開催を求め決議を得ることがよいでしょう。

　交通事故という急な事情により車いすの利用が緊急に必要になった、という事情を鑑み、理事会での事前承認を得ておき、次の総会で事後的に承認をとる、という方法も考えられなくはないですが、万が一総会での承認が得られない場合があることも覚悟しておく必要があります。

 法的見解と対応策

1　共用部の変更と総会決議

　共用部分を変更する場合には、総会での特別決議を得なければならないのが原則ですが、形状又は効用に著しい変更を伴わないものは、普通決議事項とされています（法17条1項）。

　ご質問のケースでは、穴の大きさ、数にもよりますが、普通決議で足りる可能性が高いと考えられます。

2　専有部分の修繕等と理事会承認の要否

　ご相談のケースでは、共用部分の変更とは別に、専有部分についてもレールの設置工事を予定されているとのことですので、これは専有部分

の修繕等にあたります。

標準管理規約では、専有部分の修繕等で、共用部分又は他の専有部分に影響を与えるおそれのあるものを行おうとする場合には、あらかじめ理事長にその旨申請し、理事会を経て書面による承認を受けなければならないとされています（標準管理規約17条1項、3項）。なお、平成29年に改正された標準管理規約コメント別添2「区分所有者が行う工事に関する制限の考え方」によると、「躯体コンクリートへの」「アンカーボルト等の金物の打込みを伴う工事」については、「躯体に悪影響を与えないこと」を条件に理事会が承認することが示されています。

標準管理規約と同様の管理規約をおく管理組合であれば、ご相談の工事を行うにあたり床に打込む金物による躯体への影響がないことを説明した上で、理事会の承認を得る必要があります。

 実務的な対応策と注意点

1 臨時総会

定期総会が開催されるまで待つことはできない緊急を要する事情が認められるのであれば、臨時総会の開催を求め、臨時総会での決議を得ることが望ましいでしょう。

臨時総会の開催というと面倒なようにも思えますが、議題について書面で分かりやすく説明できれば、委任状や議決権行使書の行使によって総会議決を得ることができますので、そんなにハードルが高いものではありません。

人道的な目的によるものですので、理事会や他の区分所有者の理解も得られやすいと考えます。

2 車いすの改善

レールにかかわらず、手すり等同様の事情が生じることはありえますので、その場合は臨時総会の活用等を検討してください。

〈監事の署名押印のない監査報告〉

Q30 総会での収支決算報告を行うため、監事に監査をお願いしましたが、監査報告書への署名押印を得ることができませんでした。この場合に総会の招集手続をすることはできますか。

A 通常は、監事が監査を行い、その適正を確認したことを記録に残すため、監事が監査報告書に署名押印し、その監査報告書を総会の議案書に添付しますが、監事が署名押印した監査報告書をあらかじめ送付しなくても、招集手続、総会の開催は可能です。

また監事による監査報告は、規約に特段の定めがない場合、口頭で行うことも有効です。総会の場で、監事が口頭で決算等手続が適正であった旨の報告をし、決算の承認を得ることでも問題ありません。

さらに、監事から口頭での報告もない場合で決算の承認が決議された場合も、その議決は有効です。ただし、そのような状況に陥っているのであれば、総会の場で決算承認がされないこともあり得るでしょう。

法的見解と対応策

1 監事の役割

監事は、管理組合の業務の執行及び財産の状況を監査し、その結果を総会に報告します（標準管理規約41条1項）。また、組合の業務の執行状況等を調査するため、いつでも組合の職員に業務の報告を求めたり、業務・財産状況の調査をすることができます（同条2項）。

監事は、不正があると認めるときは、自ら臨時総会を招集することができるほか、理事が不正な行為をした場合、又はその恐れがある場合、法令・総会決議・理事会決議への違反や著しく不当な事実があると認めた場合には、理事会に報告しなければなりません（同条5項）。

監事は、以上のような行為を通じて、管理組合における業務執行の適正と、財産状況を監督します。監査の結果、管理組合の業務の執行又は財産の状況が適正ではないと認めた場合は、監査報告書に適正であるこ

との署名押印をすべきではなく、監事はすみやかに理事会に報告するなどして、問題を指摘し、組合運営の適正化を求めなければなりません。理事らは、監事に対しその意見に反して、監査結果が適性であったとの意見表明を強制するべきではありません。

2　監事による会計監査

毎期の収支決算について、会計監査を行うことは監事の義務であり、監事に対し会計監査を求め、総会にて報告し承認を得ることは、理事長の義務です（標準管理規約59条）。

しかし監査報告は、必ず書面でしなければならないという規定はありませんので、規約に特段の定めがない場合、総会の場にて口頭でなされることでも足ります。

 実務的な対応策と注意点

1　「忙しくて捺印している時間がない」などの場合

総会議案書は管理規約の規定にもよりますが、総会開催日の1週間前までに配付しなければなりませんので、いったん、総会議案書は監査報告書を添付しないまま配付し、総会当日に監事から監査報告書を提出してもらうか、口頭にて監査結果を報告してもらいます。

2　監査結果に問題があると判断したため捺印しないという場合

監事は、問題があればその問題点を総会に報告する義務があります。むしろ、問題点を総会にて明らかにしていただくようにお願いしましょう。

3　管理組合の業務執行の適正さに関係のない理由の場合

例えば、管理会社の業務に不満があるとか、他の理事と不仲であるとか、監査報告以外の理由により捺印を拒否している場合は、それらの理由は監査業務と関係ないことを説明し理解いただきましょう。ただし、理由のない嫌がらせ的な拒否の場合など監事としての資質に欠けると判断される場合は、総会にて監事を解任、新たな監事を選任する等の対応が考えられます。

〈監事の欠員〉

当マンションの規約では、監事を1名置くことになっています。今期の監事が期の途中でマンションを売却し、組合員でなくなることになりました。
次の定期総会はまだしばらく先なので、理事の一人が監事を兼任するか、監事を置かないままにしたいのですが、問題でしょうか。

監事が不在となった場合には、理事とは別に新たに選任する必要があります。欠員のままにすることはできません。

法的見解と対応策

1 理事と監事の関係

理事の役割は、理事会の定めるところに従い、管理組合の業務を執行することにあります。

その一方、監事の役割は、管理組合の財産の状況や業務執行の状況を監視することにあります。

つまり、監事は理事らが理事会の決定に従って、適正に管理組合の業務を執行しているかどうかを監視しなければなりません。このような監事の果たすべき役割を考えますと、理事が監事を兼ねることは、自分で自分の行った業務を監視したり監査することなり、公正中立な監査は期待できないため、妥当ではありません。

そのため、理事は監事を兼任することはできません。

なお、法人化された管理組合では、法律上、必ず監事を置かなければならないことになっています（法50条1項）。そして、理事と監事とを兼任することが明文で禁止されています（同条2項）。

2 新しい監事の選任の必要性

新しい監事を選任せず、欠員のままとしておくことは、適切ではあり

ません。監事が不存在のままですと、理事らが適正に管理組合の業務を執行しているかどうかを監視・監査する役割を担う機関が存在しないこととなるためです。

そのため、適正な管理組合運営のためには、臨時総会を招集し、新たな監事を選任しなければなりません。

なお、期の途中まで理事だった組合員を、期の途中から役職を変えて監事とすることも不適切です。その理由は、期の途中まで自らが理事として行った監査を、期末に監事として監査することとなり、自分が理事だった期間の監査をすることは自分で自分を監査することになり、監査の公正性、中立性が確保できないためです。

 実務的な対応策と注意点

標準管理規約では、理事の役職は互選としていますので、理事のうち誰かが期の途中で区分所有者でなくなった場合、理事会を開催して他の理事がその職務を代行することができます。そのため、監事の選任についても、混同して理事会で監事を選任できると考えてしまう組合があるようですが、監事の場合は、臨時総会を開催して新たな監事を選任することが必要です。

このような場合に臨時総会をわざわざ開催することを避けたいのであれば、監事の選任する総会にて、補欠の監事を選任しておくこともできます。この場合でも補欠の監事は、理事の中から選ぶことはできません。

任期中に専有部分を売却する予定のある区分所有者は、少なくとも理事長と監事には就任しないほうが組合の運営に支障をきたしません。

〈理事の選任と輪番制〉

私のマンションでは、理事は輪番制で決めるのが慣習なのですが、輪番制とすることは管理規約に定められたルールではありません。

理事としてふさわしくない組合員が理事に立候補するような場合に、輪番制を理由にその候補者を排除することはできますか。

また、理事としてふさわしくない組合員が理事として選任されないためのよい方法はありませんか。

輪番制が管理規約や集会決議で定められた正式なルールでないのであれば、輪番制を理由に候補者から排除することはできません。

法的見解と対応策

1 役員の輪番制

理事等の役員の担い手不足は、多くのマンションで深刻な問題となっており、その解消方法として、正式なルールとしてではなく輪番制で次の理事を決めているマンションは少なくありません。

輪番制で役員を選任することは、組合員の公平な理事会運営への関与という観点からはメリットがありますが、デメリットもあります。

例えば、長期的な検討を要する課題を抱えているマンションの場合、輪番制で自動的に理事が交代すると、課題の検討のスピードが遅くなることにもつながりかねません。

また、輪番制は、全ての組合員が順番に役員に就きますので、本件のご相談者の方が心配されているような、「理事にふさわしくない組合員」が役員に就任することになるという懸念もあります。

2 立候補者

本件では、輪番制は管理規約に定める正式なルールではないとのことですので、輪番制を理由に、立候補を阻止したり、立候補した組合員を排除したりすることはできません。

理事等の役員は、総会にて過半数の賛成にて選任されますので、立候補した組合員について、管理組合の役員にふさわしくないとお考えなのであれば、反対票を投じ、当該立候補者が選任されないようにするという方法をとるべきだと思われます。

 実務的な対応策と注意点

　輪番制を採用している管理組合は多いようです。輪番制とは、いくつかのグループを作り、グループごとに一人ずつ理事を順序に選出する方法です。

　例えば、フロアごと、101〜105号室までを１グループ……とした場合、下記の例のマンションでは５グループできます。このときに、各階１号室系列を第１期役員、２号室系統を第２期役員と就任する期を決めてしまわずに、グループごとに、誰が第何期の役員になるかを話し合いにより決めるようにします。必ずどこかでみんな理事になる、という合意があるため、公平感が保たれます。

　例えば子供が未就学児で手がかかるので理事会の参加は難しいという事情がある方は、第５期の役員としたり、都合の悪い年は自分のグループ内で交代してもらうなど、グループ内での柔軟な運用も可能です。

501	502	503	504	505
401	402	403	404	405
301	302	303	304	305
201	202	203	204	205
101	102	103	104	105

５階グループ

↑第１期役員

　理事にふさわしくない組合員である、と思われる理由が、特定の問題に関して極端な意見を持っている、などある程度の期間が経過すれば解決する見込みがある場合、このグループの順番入替えにより、順番変更することも考えられます。

　また、輪番制も集会の決議として細則としてルール化しておくこともできます。

〈管理組合の資産〉

電話加入権が管理組合の資産として計上されています。昨今、電話加入権は売買価値もなくなっていることから、管理組合の資産としないようにしたいと思います。どのようにしたらよいですか。

A　決算の際に総会で承認される必要があります。会計手続に注意しましょう。

 法的見解と対応策

　管理組合の資産は、毎年の決算において貸借対照表に記載されます。電話加入権を資産に組み入れない場合は、そのような内容の貸借対照表を作成し、それに基づいた決算を作成します。決算は理事会で作成・承認した後、総会で決議します。

　資産を減少させる場合は、その分管理費で構成されている資本も減少させることになりますので、会計上誤りのないように処理しなければなりませんので、注意しましょう。

 実務的な対応策と注意点

　電話加入権が管理組合の資産として計上されているかは、年1回の通常総会の議案書に記載されている決算資料のうち、バランスシートの資産の部を確認すれば分かります。

　電話加入権は、管理組合の資産であるほか、管理会社が持ち込んでいる場合もあります。管理組合の資産である場合でも、現金化が見込めないことから、資産計上をやめる管理組合も多いようです。

　なお、資産計上をやめても、電話回線は、管理事務室との電話連絡や管理会社や警備会社との通信に必要となります。電話回線の解約と混同しないよう注意してください。

第2-2　理事会

〈理事の責任〉

Q34 理事長が管理組合の資金を横領してしまいました。他の理事や監事が責任を問われることはありますか。

A 理事に求められる一般的な注意義務に反して、横領に気付かず放置していたなどの場合には、理事の負っていた役割等に応じて責任を負い、損害賠償請求を受ける可能性があります。

　法的見解と対応策

1　理事の法的責任

　区分所有法では管理者（通常は理事長）と管理組合は、民法の委任の関係であるとしています（法28条）。民法の委任契約において、受任者は善良な管理者の注意をもって事務を遂行する義務（善管注意義務）を負うことになります。

　管理組合法人においては、監事の職務が規定され（法50条3項）、標準管理規約では、理事会の職務として「理事の職務の執行の監督」と表記し、業務執行の監視・監督機関であることを明確にしています（規約51条2項2号）。

　このように他の理事や監事も、管理者と同様に役割に応じた善管注意義務を負うと考えられます。

2　理事の役割による責任の違い

　標準管理規約では、役員として理事長、副理事長、会計担当理事、理事、監事を置くとしています（規約35条1項）。理事会の中では、通帳や印鑑の保管や、帳票の確認等各種の役割を分担することが通常と思われますので、横領に対しての善管注意義務はその役割によって異なり、責任の範囲もそれによって変わります。

会計担当理事の横領に対して、理事長と監事には善管注意義務違反があるとして損害賠償が認められた一方、副理事長には会計事務について何らかの権限が与えられていたものではなく、横領行為を予見して何らかの措置を講ずべきであった、ということはできず、善管注意義務違反はない、とされた事例があります[1]。

3　横領した本人の責任

当然に本人は管理組合に対して損害賠償責任を負います。管理者が、職務の範囲で第三者に対してした行為については、区分所有者がその責任を負うので（法29条1項）、その後に区分所有者は管理者に求償することになります。

4　管理会社の責任

管理会社も、理事とは異なる立場で組合から委任を受けており、善管注意義務を負う点は理事と同様です。善管注意義務は、受任者の職業・地位において一般に要求される水準の注意をいいますので、理事に求められる注意義務とは内容、程度が異なります。理事長による長年の横領事件で、管理組合自身と管理会社の双方に按分の責任があるとされた事例があります[2]。

　実務的な対応策と注意点

1　基本的業務の徹底

通帳、印鑑の分別管理、多額の費用の支払いに現金を用いない、年に一度の総会に際しての残高証明書の確認、等まずは基本的なことを徹底すべきでしょう。

2　横領の具体例と予防策

実際にあった横領事例としては、残高証明書を偽造する、紛失したとして

---

[1] 東京地判平27.3.30判時2274号57頁
[2] 東京地判平17.9.15平成15年（ワ）26646号

通帳を再発行する、自動販売機設置の手数料を個人で受領する、工事代金の支払いという名目で現金を引き出す、偽の振込先へ振込む、等があります。

　予防策としては、会計や監事等複数の人が少なくとも総会前には、残高証明書、領収書等の原本を確認する、通帳の原本を確認し再発行の印の有無を確認するほか、キャッシュカードの作成履歴がないか銀行に確認することがよいでしょう。

　自動販売機設置の手数料収入等については、決算資料などで対前年度と比較して、大きく金額差がないかを確認します。また工事代金の支払い等では、請求書原本を確認し、金額と振込み先を照合しましょう。

3　実務の煩雑さとのバランス

　横領等の事故防止のために、理事長が承認をした書類を貼付して会計担当理事が銀行印を押す、銀行印鑑に副印を作る、などのルールの運用をしているケースもあります。ただし、理事長や理事が不在になると、管理組合の支払いが滞るということにも繋がりかねません。現金の引き出しに関しては、複雑にすればするほど、日常の支払い業務に手間と時間がかかるようになりますので、バランスをとることが必要です。

〈理事の代理出席〉

Q35 マンション管理士である区分所有者を理事と選任しています。理事会に本人の配偶者が代理人として出席してきましたが、認められますか。

A 管理規約に、配偶者が理事の代理人となれると規定され、かつマンション管理士であることを格別の条件として選任した、という事情がなければ、認められます。

管理規約に明文の規定がなくとも、理事会の運用として配偶者や一親等の親族を代理人として運営することが合意され運用されている場合には、認めてよいでしょう。

管理についての専門であるマンション管理士であることを格別の条件として選任している場合は、個人の能力に期待してのことですから、配偶者ではその目的を達成できませんから認めることはできないことになります。

 法的見解と対応策

1 理事の代理人についての考え方

一般に本人の意向により、誰かに代理権を与えることは自由です。しかし、理事は総会で、その人、として選任されているので、誰にでも自由に代理を頼んでよいということにはならない、と考えられます。

そこで、理事の代理人となる範囲が問題になりますが、通常個人の住宅であるマンションの性格からして、規約によって理事の配偶者又は一親等以内の親族等に限って理事会への代理出席を認めることは認められるでしょう[1]。

なお、標準管理規約では、「理事は総会で選任され、誠実に職務を執行するものとされているから、理事会には本人が出席し、議論に参加し、

---

1 最判平2.11.26民集8号1137頁、判タ744号89頁

議決権を行使することが求められるので、理事の代理出席（議決権の代理行使含む）を規約に定めがない場合に認めることは適当でない」とコメントされています。

とはいえ、規約の変更が簡単ではないことから、理事会運営規則として定めて、運営することも認められるでしょう。

2　外部専門家の選定

標準管理規約では、これまで区分所有者に限定していた理事及び監事について、外部の専門家も就任可能とする規定が提案されています。この場合は特定人の資質や能力に着目して選任されるものですから、代理出席を認めることは適当ではありません。

3　議事録の署名ができるか

代理人として理事会に出席した場合は、当該理事会においては理事としての権限がありますので、議事録に代理人として署名することができ、理事の署名として有効です。

 実務的な対応策と注意点

1　議決権行使書の活用

総会で運用していると同様に、代理出席ではなく予め理事会の議案に対して、意見書及び議決権行使書を提出する、という手法をとることもできます。この場合には、規約での規定が必要です。

2　テレビ又はインターネット利用の会議

このような方法も、規約で規定しておけば、利用することが検討できます。現在は、マンションに特別の施設がなくてもパソコンやスマートフォンで利用することが可能ですので、このような理事会も増えていくかもしれません。

〈外部専門家の理事選任〉

住民に高齢者が多くなり、賃貸に出して区分所有者自身は居住していない住戸もあり、理事のなり手が少なく困っています。今後、大規模修繕や建替え等の課題もあるので、区分所有者以外の外部の専門家を理事として選任することを検討しています。どのような点に気を付ければよいでしょうか。

標準管理規約にも管理規約記載例とコメントが示されていますので、参照しながら以下に解説します。
実際に活用する際は、細則を定めて運用しましょう。

法的見解と対応策

1 誰を選べばよいですか

現在のところ法定の基準はありませんので、管理規約に基づき、総会で選定されれば誰でもなることができます。標準管理規約のコメントでは、専門家とは、マンション管理士の他、弁護士、建築士などで一定の専門的知見を有する者が想定される、としています。また、理事の欠格条項として①成年後見人等及び破産者②禁固以上の刑罰が終了して5年以内の者③暴力団員等を定めています（36条の2）。この規定は区分所有者の理事に対しても適用される形式としていますが、区分所有者の理事に対しても破産者でないことを要求するかなどは、検討の余地があります。

2 利益相反取引防止

本来区分所有者の理事であっても、管理組合業務を利用して自己の利益を図ることは許されません。外部専門家の場合には、別途マンション管理運営にかかわる業務を行っている場合もあることから、利益相反取引に該当する可能性が通常より高いことも考えられます。
標準管理規約では、利害関係を有する理事が議決に加わることができないこと等を定めています（37条の2）。規定のみに頼らず、実際に理

事相互で確認することが重要です。

3　委任（委託）契約での注意点

外部専門家は善管注意義務をもって業務を履行する義務がありますが、その業務の範囲、内容を明確にしておくことが必要です。

期間内の解約規定に、次の理事が選定されるまでの間は引き続き職務を行う、又は次の外部専門家を推薦するなどの取決めも有用でしょう。

管理規約は、外部管理者に対しては効力を持たない場合もあるので、委任契約の中で定めておくべきです。

4　外部専門家を管理者（理事長）として選任する場合

管理者を外部専門家から選任することも可能です。管理者は各種の権限を有し、管理組合に関する訴訟遂行権があります（法26条）。

万が一、管理者に対して損害賠償請求をする場合もないとはいえないので、契約書には「管理者に対する訴訟に際しては、別の管理者、理事又は監事が訴訟遂行をして、管理者には訴訟遂行権がなくなる」等の規定をしておくべきと考えます。

5　報酬その他

専門家は業務として受託することから、報酬が発生することが通常でしょう。基準があるわけではありませんが、合意をして明文で定めておくべきです。そのほか、交通費や資料作成等の実費を支払うということも想定されますので、取り決めておきましょう。

出費を伴いますので、予算として総会の承認を得ることも必要です。

 実務的な対応策と注意点

平成29年6月に国土交通省が「外部専門家の活用ガイドライン」を公表しました。組合員以外の外部専門家に「管理者」を委任する場合のものですが、利益相反取引などの考え方は組合員に委任する場合にも妥当します。委任契約書例もありますので参考になります。

〈理事会の成立・理事会への参加〉

規約では理事の人数が10名と規定されていますが、なり手がなく8名のみが総会で選任されました。これで理事会を運営して問題ないでしょうか。

管理規約の定数を満たしていない以上、理事会として成立していないことになります。

　管理者（理事長）の選任は、理事のうちから理事会で選任する（標準管理規約35条3項）と規定されている場合には、そもそも理事長の選任も有効でないということにもなります。また8名で決定した事項については理事会の決定ではないことになります。

　追加で2名を選定するか、規約を改正するか等の対応が必要です。

法的見解と対応策

1　法的な規定

　区分所有法では、管理組合法人でない限り、管理者や理事を置かなければならない定めはありません。しかし、少なくとも管理者を定めないと常に区分所有者全員で何かを行わなければならず、現実的には運営できません。実際には管理規約で理事会の設置、理事の選任、理事長の選任等を規定していることがほとんどと思われます。

　管理規約で規定されている以上、その要件を満たさないものは法的には認められません。実務上は、8名で運営していても問題がないということも多いのでしょうが、裁判で争われた場合には、内容によっては無効となります。

2　欠員が生じた場合

　当初10名であったのに、欠員が生じた場合は、規約に特に定めがない場合は、あらためて選任することが必要です。

実務的な対応策と注意点

1 規約・細則の定め方の工夫

ご質問のように、当初から足りない場合に加え、途中で欠員が生じることもなくはないことから、管理規約や細則では、スムーズに運営できるような規定にしておくことをお勧めします。

理事の人数を、8～10名というように幅を持たせて定めることもできます。この場合は欠員が生じても7名以下にならない限り問題はありません。

また、○名以内、というように上限を定めることもできます。この場合は、欠員が生じても各役職が最低1名いればよいことになります[1]。

なお、予め補欠を定める、あるいは補欠の選定方法を定め、その方法により選定する、ということを規定しておくことで、臨時総会の開催をしなくてよい方法も考えられます。

監事は理事の中から選任することが想定されていないので、補欠の手当てをしておくことは有用です。

補欠や後任の理事の任期についても、選任から2年とするのか、残存任期とするのか、等を規定しておきましょう。

2 なり手不足の対策

立候補制を原則としながら、予備的に輪番制、ブロック制を使用細則で定める方法もあります。

理事会運営規則で、テレビやインターネット会議を利用できる旨や、書面による議決権行使の旨などを定めることで、理事としての活動ができるような工夫をして、居住していない区分所有者や仕事で多忙な方の理事就任の依頼をするなども考えられます。

---

1 規約例
　第35条　(役員)　管理組合に次の役員を置く。
　　(1)　理事長
　　(2)　副理事長　○名以内
　　(3)　会計担当理事　○名以内
　　(4)　理事(理事長、副理事長、会計担当理事を含む。以下同じ。)　○名以内
　　(5)　監事　○名以内

〈理事の報酬〉

理事の報酬はどの程度が適当ですか。制限はありますか。

法定の規定はありません。有償でも無償でもかまいません。
一般的にどの程度の報酬が多いかは、大和ライフネクスト社のデータをご覧ください。

法的見解と対応策

1 区分所有法の規定

管理者（理事長）の権利義務は、民法の委任に関する規定に従います（法28条）。民法の委任は、原則無償ですが、当事者の合意によって有償にすることもできます。

2 管理規約、決議との関係

管理者以外の役員（理事のことを指します。）については、区分所有法には定めがありませんが、通常は規約で定めています。標準管理規約では、役員の義務として誠実に職務を遂行することを定めたうえで（37条1項）、別に定めたうえで必要経費と報酬を受けることができるとしています（37条2項）。

報酬の詳細については、普通決議によって細則として定めることが適当でしょう。出費を伴うことから、予算案としても承認を得ることになります。

規約に報酬の規定がなかった場合でも、理事会運営費用として予算をとり、その一部として経費及び報酬を支払っている場合もあるようです。予算案の承認として普通決議を得ていること、報酬額が社会通念上妥当なものであるという事情があれば、問題はないといえるでしょう。

居住組合員だけが理事に就任し良好な住環境の維持を図り、不在組合員は理事になることはなくその利益だけを享受しているとして、不在組合員に対して特別協力金の請求を認めた判例があります[1]。これからす

ると、逆に理事としての活動に対してある程度の報酬を支払うことも理解が得られるでしょう。

3　外部専門家に対しての報酬

標準管理規約では、住民の高齢化等への対応も考え、マンション管理に係る専門知識を有する外部専門家を理事に選任することも提案されています。外部専門家については、有償となると思いますが、その報酬の基準はありません。その専門家の報酬体系との兼ね合いになることと思われます。

 実務的な対応策と注意点

役員報酬を支払っている管理組合の割合は、調査数1687組合のうち5％でした。理事は年間1万円程度、理事長は時間的負荷が大きいことなどから年間2万円程度が多いようです。

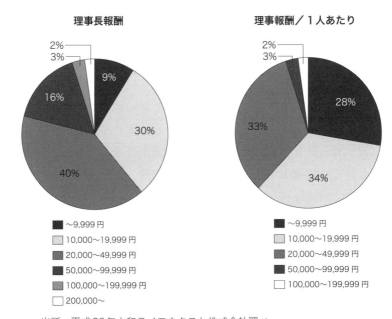

出所：平成26年大和ライフネクスト株式会社調べ

1　最判平22.1.26判時2069号15頁

第2-3　管理規約

〈分譲時の規約承認書がない〉

Q39 分譲時に、管理規約を全員合意したことを示す承認書（合意書等の名称で分譲主が通常購入者から受領する書面）が全戸分ありません。分譲時の規約が成立していないことになりますか。

A 区分所有法は、集会の特別決議において規約を設定すると定めています。その決議がなく、全員の書面による同意がない場合には、規約が成立していないという余地は残ります。

もっとも相当程度の期間において、その規約で運用していたという事実がある場合には、書面を出していない区分所有者についても黙示の同意があったとして規約の無効等を主張できる可能性は低いと思われます。

集会の特別決議で規約の変更をしておくことをお勧めします。

　法的見解と対応策

1　区分所有法31条

法は集会での特別決議による規約の制定しか定めていません。しかし、新築分譲時は集会をすぐにできないことから、予め事業主が作成した規約案に対して、区分所有者全員が書面で同意を証することで、管理規約が成立したとして運用することが多いようです。本件では、その点では規約の成立の疑義は残ります。

もっとも、現実的にその規約で長年管理されてきた場合で、法的に争われたときは、承認書を提出していない区分所有者が疑義を呈してきていない以上、黙示の承諾があったと認定される可能性は高く、長年経過後に規約の無効を主張する当事者の利益と、既存の社会関係に関する影響を鑑みて判断されると考えられます。

2　一部の区分所有者への特別の影響

承認書を提出していない区分所有者が、その権利に特別の影響を及ぼされると主張する場合には、その点についても考慮したうえで、規約の有効性が判断されることとなるでしょう。

 実務的な対応策と注意点

1　変更決議

完全に有効と主張できない余地がある以上は、あらためて集会の特別決議で変更決議し、規約原本も承認書によるものではなく、理事長の署名押印のある総会の決議議事録に変更することが望ましいです。

〔変更前〕

> （規約原本等）
> 第72条　この規約を証するため、区分所有者全員が書面に記名押印又は電磁的記録に電子署名した規約を1通作成し、これを規約原本とする。

〔変更例〕

> （規約原本等）
> 第72条　この規約を証するため、第○期理事長が書面に記名押印又は電磁的記録に電子署名した規約を1通作成し、これを規約原本とする。

2　管理規約変更後の管理規約（冊子）の交付

標準管理規約にも規約原本に関する記載しかなく、各区分所有者への交付等の規定はありません。ただし、内容が大きく変わったり、変更点が分かりにくい場合等は、印刷して交付することが好ましい場合もあります。

また、今後は電磁的記録や電子署名等の利用が進むことも考えられますので、その旨を管理規約に規定し、利用してもよいでしょう。

〈宗教団体、政治団体排除の規約〉

暴力団員に貸与することを制限する規定が標準管理規約19条の2にありますが、宗教団体や政治団体関係者に対しても同様の規定をすることはできますか。

宗教団体、政治団体の団員という表現で規定された排除規定は、法的に争われた場合は無効と判断されると考えれらます。

暴力団員と限定せず、「暴力団、暴力団関係企業、総会屋、社会運動標榜ゴロ、政治活動標榜ゴロ、特殊知能暴力集団等」といった反社会的勢力といわれる属性を規約に規定して、対象を広げることはできます。

法的見解と対応策

1 憲法上の人権と平等と公共の福祉

宗教団体や政治団体の団員の居住を制限することは、信教の自由、思想・良心の自由、居住の自由等憲法が保障する人権を侵害するおそれがあり、あるいは思想信条による差別として法の下の平等に反することともなるので、そのような管理規約は法的に争われた場合は無効と考えられます。ある宗教に入信している、ある政治団体に属しているというだけで、居住を制限することはできません。

2 反社会的勢力とは

もっとも、憲法は公共の福祉に反する場合には国民の権利を制限することも許されるとしています。その制限の程度は、諸事情を比較考量して判断されます。

回答に記述した反社会的勢力の属性は、政府が発表している「企業が反社会的勢力による被害を防止するための指針」によるものです。このような属性の反社会的勢力に属する者をマンションから排除することは、公共の福祉に反する場合として許される範囲と考えられます。

Qの意図が、マンションの住人が宗教や政治に関わることを排除する

ことではなく、宗教や政治に名を借りてこれら反社会的活動を行う者を排除することとすれば、このような記載で目的を達することができると思われます。

 実務的な対応策と注意点

1　住居としての制限

　標準管理規約12条では、住居以外の用途に使用することを禁じています。

　住居であると偽って、事務所等に使用している場合は、人の出入りを確認するほか、メールボックスの表示が個人名ではなく団体名になっていないか等で確認します。また、国税庁の「法人番号公表サイト」では、住所を入力するとその住所に法人が所在しているかを検索することができます。ただし、マンション所在地に法人が存在していたとしても、個人事業主等で、事務所住所を自宅にしているだけという場合もありますので、営業等の活動実態はあわせて確認するようにしましょう。

　また、仮に店舗や事務所であっても大勢の人が出入りし、騒音や出入り等で住民の生活に支障をきたすという場合には、利用の差止、損害賠償等の法的措置を求めることができます。

2　使用細則での制限

　管理規約で定められた範囲内で使用細則にて、例えば、敷地内でビラを配ることを禁止する、むやみに他の住戸を訪問しないなど、具体的に想定される迷惑行為を禁止することもできます。

〈入居前の規約変更の有効性〉

竣工してからも長く販売されていた新築マンションの最後の住戸を購入したのですが、入居した時には、先に購入した区分所有者が総会決議で管理規約を改正しており、購入時に事業主から渡された管理規約と異なっていました。改正された規約に納得がいかないのですが、無効とすることができますか。

改正の総会決議が、区分所有法の定めに従い適正に行われているのであれば、原則は改正後の規約が有効です。

もっとも改正の内容が、区分所有者間の利害に公平でない場合や、一部の区分所有者の権利に特別の影響を及ぼす場合であるのに、当該区分所有者の承諾を得ていない場合などは、区分所有法に反するとして、無効を主張できる余地があります。

法的見解と対応策

1 規約の設定

規約の設定は、総会の特別決議によります（法31条）。しかし、分譲マンションで、すぐに総会の決議ができないことが想定されるため、事業主が規約案を作成し、購入した区分所有者から書面による承認を得て、全戸の承認をもって規約の制定としていることも多くあります。

ご質問者が購入した時点では、事業主の規約が制定されたこととなっていたのでしょうが、その後に総会の特別決議で改正されたと考えられるので、原則は有効です。

ご質問者は入居前でも、総会の招集通知が来ていたのではないでしょうか。もし招集通知が来ていなかった場合に、通知をされない区分所有者が他にも多数いる、意図的に排除したという事情が認められる、又は全員に通知が来ていたならば決議の結果に影響があったといえる等の場合には、手続の瑕疵があったとして無効を主張する余地があります。

2　規約の公平性と特別の影響

手続等が有効であったとしても、内容が不適切であれば無効を主張する余地はあります。

規約は、建物の形状、面積、位置関係、使用目的、利用状況、区分所有者が支払った対価その他の事情を考慮して、区分所有者間で利害が公平になるように定めなければならず（法30条3項）、また一部の区分所有者の権利を特別に制限したり、不利になるような改正をする場合は当該区分所有者の承諾が必要です（法31条1項）。これは多数決だけの論理で、実際に影響を蒙る人の権利を侵害しないようにするための規定です。

3　分譲事業主の責任

ご質問者が事業主から規約を渡されたときに、既に規約が改正されていた、ということであれば、事業主の重要事項説明義務違反となります。通常は説明違反によって、解除までが認められませんが、違う規約を説明されたことによる損害が生じた場合に、損害の賠償を求める余地はあります。

 実務的な対応策と注意点

標準管理規約では次のような規定になっています。

> （規約の発効）
> 第1条　この規約は、平成○年○月○日から効力を発する。

分譲時は、日付の特定が難しいことから、「最初に区分所有者が分譲主から鍵の引渡しを受けたときから効力を発する。」等になっている場合もあります。この規約の発効した段階で、分譲主もまた区分所有者となります。

竣工した後も長く販売されたマンションの場合、最後の区分所有者が入居した時には、事業主の手を離れて理事会や総会が既に結成され活動を始めています。むろん事業主は、区分所有者の一員ですから、規約の改正以外にも、あらたな使用細則の策定等最新の内容を決議した総会議案者や議事録の送付を受けており、それを説明する義務があります。

〈団地型規約への変更〉

Q42 数棟の建物が一団地敷地内にある団地型マンションです。現在の管理規約が、単棟型の標準管理規約をもとに作成されています。今から団地型に変更することはできますか。

A 規約の改正は、区分所有法と現在の規約に従って可能です。
　もっとも、初めから策定するのと異なり、各棟の意向、修繕積立金の扱いや費用分担等についても合意を得ていく必要があるので、簡単ではない場合もあるでしょう。

法的見解と対応策

1　団地型マンションとは

　「団地」という用語は、○○団地などという名称その他一般的用語としても使われていますが、区分所有法では一定の要件を満たすものを「団地」として定めています。

　区分所有法の「団地」は、①一団地内に数棟の建物があり、かつ②その団地内の土地又は付属施設が、数棟の建物の所有者（区分所有含む）の共有である、場合に成立します（法65条）。

　付属施設とは、皆で利用する集会棟、駐車場施設等がよくある例です。また、団地内の建物は、マンションのような区分所有建物ではなく、戸建ても含まれ、それらの建物所有者を「団地建物所有者」とよびます。

2　団地型マンションの管理組合の考え方

(1)　団地管理組合

　団地建物所有者は、全員で、その土地、付属施設及び数棟の建物の管理を行うための団体を構成することになり、これが団地管理組合です。一棟のマンションでは、法的に管理組合が構成されることになるのと同様に、団地に該当する場合は、法的に団地管理組合が構成される、ということです。

団地管理組合は、区分所有法に基づき、集会を開き、規約を定め、管理者を置くことができることも、一棟のマンションの管理組合と同様の考え方であることがお分かり頂けると思います。

(2) **棟別管理組合**

団地管理組合が存在し建物についての管理もその対象であることから、棟別には管理対象が存在しないとしても、区分所有法上は各棟ごとに管理を行うための団体、すなわち管理組合は存在することになります。

区分所有法では、各棟ごとにすべきと考えられる事項については、団地管理組合ではなく、棟別管理組合が行うと定めています。例えば、建物の保存、管理又は使用に関して共同の利益に反する行為に対する差止め、その他訴訟の提起、建物の一部滅失の場合の共用部分の復旧及び建替えに関する決議などです。また規約の定めによって、建物等一部の管理対象を棟別管理組合にすることもでき、その場合は棟別管理組合の業務となります。

3 管理規約の制定、変更

古い規約では棟別管理費・積立金や棟総会の定めなくすべて一つの規約にしている場合もあるようです。今の一つの規約を、団地管理組合と棟別管理組合各々の規約に変更及び新規作成することは可能ですが、特に積立金の棟毎の配分等で合意を得ることが困難なこともありますので、以下の実務的注意点を参考に取り組んでください。

 実務的な対応策と注意点

1 団地型マンションの様々な形態

団地型といっても、敷地や付属建物をどのように共有しているか、様々なケースがあります。まずは、これらの権利形態を明らかにすることが重要です。それによって、団地全体と棟毎の管理の範囲が異なることになるからです。

2 変更する際の要件に注意

団地管理規約の変更は団地建物所有者及び議決権の各4分の3以上の決議となりますし、棟別管理規約は各棟の所有者及び議決権の各4分の3以上の決議となります。これらの要件をきちんと満たす必要がありますので、単棟型のケースよりも手間がかかることになります。

また、そもそも議決権の定めが明記されていない場合は、区分所有法の原則に従いますので、形態を確認したうえで、それに基づき議決権を確定していくことが必要です。

3 修繕積立金等の扱い

本件で最も合意形成の難しいのは、修繕積立金に関する合意形成です。

古くなると大規模修繕や建替えの検討もする必要が出てきますが、これらの課題を検討する中で、管理規約が整備されていなかったことに思い至るということもあるようです。

各棟ごとの修繕積立金は概ね次のように算出することが多いです。

① 各棟ごとに長期修計画を立案し、各棟ごとに必要な修繕費用を算出。
② 既に積み立てられた修繕積立金の各棟ごとの分割方法を検討。
③ ①-②=各棟ごとのこれから積立が必要な金額を算出し、各戸あたりの月額金額を算出。

棟ごとの戸数や形状で、現状の積立金より高くなる場合と安くなる場合もあり、高くなる棟からは②の分割方法に異論が出ることも想定されます。規約の改正に先立って、この点を整理してみるのがよいと思われます。

〈決議要件の変更〉

Q43 意見が割れそうな総会議案があります。普通決議で足りる議案ですが、後々のトラブルを防止するため、特別決議議案としたいと思いますが、可能でしょうか。

A 現在の規約には、当該議案について特別決議であるという定めがない場合には、不可能です。管理規約を変更しないまま、特別決議議案として総会に諮った場合で、区分所有者数及び議決権総数の4分の3以上の賛成に満たないときも、過半数の賛成があれば、議案は可決されたことになります。賛成の区分所有者が、総会後に議案内容の履行を求める場合に、理事会が履行を拒否することはできません。

管理規約を変更したのちに、特別議案とすることは可能です。

法的見解と対応策

1 総会の議決要件

総会の議決は、原則として区分所有者数及び議決権総数の各過半数で決します（法39条1項）。一般にこれを普通決議と呼んでいます。

ただし、区分所有法に定めがある場合、及び区分所有法の定めに従って規約に定めることで、異なる議決要件を定めることができる場合があります。反対にいうと、区分所有法で別段の定めをすることが認められていない場合には、法の通りとなります。

2 特別決議の定めと変更の考え方

区分所有法17条1項は、共用部分の変更は区分所有者及び議決権の4分の3以上の多数で決すると定めています。一般に特別決議といいます。

そして、「ただし、この区分所有者の定数は、規約で過半数まで減ずることができる」と定めています。よって、共用部分の変更に関しては、規約によって議決要件を過半数から4分の3以上の間の数値に変更することは有効です。これ以外、例えば3分の1以上とか、5分の4以上と

かに変更することはできず、そのように定めた規約の内容は、無効です。

また区分所有法62条1項は、5分の4以上で建替え決議をすることができると定めていますが、17条1項と異なり、但し書きがありません。よって、建替え決議については、5分の4以上という決議要件を、規約によって増やすことも減らすこともできない、ということになります。

規約の変更の決議要件は、4分の3以上であり、規約でこの数値を変更することはできないことも同様です（法31条1項）。

3　普通決議の変更

区分所有法において、普通決議をどのように変更してはいけない、という点の記載はありません。よって、39条1項に従い、普通決議の数値を規約で変更（増加）することは可能です。

しかし、普通決議を過半数未満に変更（減少）することは、民法の共有物の管理に関する事項は共有者の持分の価格の過半数で決するとされていることより、できないと考えられます（民法252条）。

実務的な対応策と注意点

1　規約変更の注意点

決議要件を変更する際は、決議内容を特定しておくべきです。包括的な表現だと、すべてが特別決議と解されることになり、運用上の支障を来します。曖昧な表現では、特別決議か普通決議か判断に困ることになります。

2　将来を見据えた変更を

区分所有法以上に管理規約の決議要件を厳しくする場合、今は総会参加者が多い場合でも、将来にわたり参加者がそのまま維持できるとは限りません。築年数が経過すると、賃貸化が進むなどして総会に無関心な方が増加する傾向もあります。いざ、参加者が減少したときに特別決議では何も決議ができないということのないように注意しましょう。

第2-4　組合運営と責任

〈構造計算書がない〉

耐震偽装や杭データ偽造事件があって不安になったのですが、構造計算書が組合には保管されていません。今から入手できますか。

古いマンションの場合は、既に特定行政庁や設計事務所でも破棄されている可能性があり、その場合は入手できません。

法的見解と対応策

1　保存についての法定期間

耐震偽装事件等が起きたことにより、2007年（平成19年）に建築基準法や建築士法が改正され、特定行政庁や指定確認機関、設計事務所の構造計算書の法定保管年限は15年となりました。しかし、それ以前は、保管期限が5年でしたので、古いマンションほど入手できる可能性は低いと考えられます。

なお、建設業者は土木工事の構造計算書のみ、10年の保管義務となっています。

2　売主の義務

自らマンションを分譲した不動産業者は、分譲してから1年以内に管理組合の管理者等に設計に関する図書を公布しなければなりません（マンション管理適正化法103条1項、同法規則101条）。その図書の中には構造計算書も指定されています（同法規則102条）。

しかし、保存に関する義務が規定されているわけではありませんので、古いマンションではやはり入手は困難と思われます。

実務的な対応策と注意点

1 構造計算書がない場合には

　耐震性に不安があるなどで、具体的に必要になる場合は、構造計算書以外の設計図書があれば、もう一度計算することは可能です。費用はかかりますが、専門家に依頼して、構造を検証することは可能です。

　実際に、現在耐震化をすすめるための耐震化診断を多くの建物で行っていますが、構造計算書がないケースも多いようです。

2 杭打ちデータは入手できるか

　法定の保管義務がありません。新しいマンションで、建設業者が任意に開示してくれる場合以外は、入手は困難なことが多いでしょう。もっとも、杭打ちデータが仮にあったとしても、その真偽を確認することが簡単ではないといえます。

〈管理組合法人をやめたい〉

Q45 マンションの管理組合法人です。理事長が変わるたびに登記をすることが煩雑なので、管理組合法人をやめたいと思いますが、可能ですか。

A 管理組合法人は、集会の特別決議によって解散することができます。解散した後は、法の定めに従い清算をすることになります。

もっとも、法人化のメリットを考えて、せっかく手間をかけて法人としたことと思いますので、登記手続の面倒さというデメリットと比較して、総合的に検討されることをお勧めします。

 法的見解と対応策

1　法人をやめた後はどうなるか

管理組合法人がなくなったあとも、区分所有者の団体としての管理組合は存在しますので、管理組合が建物の管理を行います。

また残余財産があった場合は、規約に特別の定めがなければ原則は各区分所有者に持分の割合に従い帰属することになります。

2　管理組合法人のメリット

法人として権利義務の主体となることができます。会社のようなものと考えてもよいでしょう。かつてはマンションの規模による制限がありましたが、今はどんな規模でも可能です。

管理組合の場合は、理事長等の個人名義とせざるをえなかった銀行口座の名義を法人名義とすることができ、個人の財産との区別が明瞭になります。まれには、管理費滞納で競売された住戸を組合で競落することや、借地マンションにおいて土地所有者から敷地を買い取る場合など、組合が資産を取得する場合があります。このような場合にも、法人でなければ、理事長等の個人名義にすることなく、管理組合法人で登記することができます。

管理組合が修繕費等を金融機関から借入する場合には、管理組合で借入できないというわけではありませんが、法人のほうが手続がスムーズであることが多いと思われます。

　訴訟等の法的手続においては、管理組合は「権利能力なき社団」として主体となることはできますが、区分所有法上の定める手続等も含め、法人のほうが手続が簡略であり、スムーズに対応できると考えられます。

3　管理組合法人のデメリット

　集会での特別決議が必要ですし、理事や監事をきちんと定め、代表者の氏名等の必要事項を登記しないと、法人にはなれません。通常は、法人化することのハードルが、まずはデメリットとなります。

　また、区分所有法に定められた事項を守らない場合は罰則もあります。ご質問にある登記を怠ったときは、管理者、理事は20万円以下の過料を課されることとなります。

実務的な対応策と注意点

　登記の変更手続の煩雑さということのみでなく、総合的に検討して判断するべきと考えます。

　それでも法人を解散する場合に注意すべきことは、各区分所有者の持分の割合に従い帰属する点です。解散に伴って各区分所有者に修繕積立金を返金してしまうと、その後に成立する権利能力なき社団としての管理組合は、資金の全くない団体になってしまいます。解散の決議をするときは、その後の管理組合運営のことも考慮し、例えば、残余財産は○○管理組合に帰属する、など同時に決議するようにしましょう。

〈AEDが使えなかった責任〉

Q46 マンション内で急病人が出ました。エントランスにAEDがあるのですが、その場に駆け付けた管理員も理事もAEDを使うことができませんでした。急病人の遺族の方から、AEDが使えたら助かったはずなのに使用できなかったのは、管理組合に責任があるのではないかと言われています。管理組合は、どのような責任を負うのでしょうか。

A AEDの設置を管理組合に義務付ける法的根拠はありません。通常は、誰でも非常時には使ってよいという任意のサービスという位置づけで設定していることと考えられますので、管理組合に責任はありません。

法的見解と対応策

1 AED使用に関する責任の有無

規約等で、管理組合がAEDを設置し、その利用方法を周知し、非常時に問題なく利用できる体制を整える等特段の定めをすることは可能ですが、マンションは医療施設等とは異なる性格ですので、AEDの適切な使用に関する責任まで追及することは考えにくいでしょう。

実務的な対応策と注意点

1 説明会の開催

法的責任はないとしても、せっかく設置しているAEDが、使えなくては意味をなしません。理事や管理員をはじめ、住民の方と使用説明会等を開催することは有意義でしょう。

最近は、避難訓練の時に、地域の消防署に依頼すれば使用方法を指導してくれる場合もあるようですので、検討してみてはどうでしょうか。

第2章 ルール・運営組織・組合員の情報に関するトラブル

〈元権利者と分譲購入者との不仲〉

Q47 建替えによる新築マンションを分譲会社から購入しました。旧マンションの権利者（元の権利者）であった方々が、一般購入者より先に居住しており、元の権利者が既に管理組合の理事会を運営していました。元権利者の意向で理事会運営がされていることが不満です。
もう一つ別の管理組合又は理事会を作ることはできますか。

　管理組合は、区分所有者が全員で構成する団体ですので（法3条）、管理組合を2つ作ることはできません。団地型のマンションで、棟別の管理組合と団地管理組合を設けることはできます。

理事会は、区分所有法に規定はありませんが、管理者は、規約の定めがない限り集会の普通決議で選任されることになっています。二人の管理者を選任するという決議は、理論的には可能ですが、ご質問のマンションで、過半数を獲得する意見となるかは不明ですし、現実的に2人の管理者がいると運営上支障をきたすと考えられます。

📖 法的見解と対応策

1　理事の交代

管理者を2人にすることは現実的ではないとしても、理事には任期がありますので、定期総会毎の選任のタイミングで交代を求めることは可能です。

また、元の権利者側が、理事を交替しようとしない場合は、以下のような手続で理事の交代を臨時総会で求めることも可能です。

(1)　区分所有者数及び議決権の5分の1以上を有する者は、理事の解任と選任を求める総会の招集を請求することができ、管理者（通常は理事長）が、総会を招集しない場合は、請求者が総会を招集することができます。（法34条3項及び4項）。

(2)　総会の普通決議で管理者及び理事等の役員を選任。解任すること

になります。(法25条1項、規約48条13号)。

2　複合用途型マンションの場合

再開発による建替えマンションは、元の権利者の方が店舗や事務所の所有者である場合もあるでしょう。住宅部分の区分所有者と店舗・事務所等の区分所有者等は各々の関心も異なることや一部共用部分等が存在すること等の理由から、意思決定機関ではないものの、管理組合の中に住宅部会と店舗部会等を設置することもあります（標準管理規約複合用途型60条）。

あらかじめ、各々の関心ある事項について、当該区分所有者だけで協議したほうが効果的である場合があるからです。このような部会を通じて、両者の調整を図ることも一考です。

 実務的な対応策と注意点

元の権利者の方と、新しく購入した方とは、その地域に関わる年月も異なり、年齢や職業も異なることがあるため、初めからスムーズに行かないことがあるかもしれません。いろいろなイベントを企画したり、理事を分担で担当したりすることから、いわゆるご近所付き合いがうまくいくこともあるでしょう。また、ご質問のような元の権利者側に対するご不満のほか、反対に元の権利者から、新しく購入された方にも管理組合に参加してほしいのに新しい方がまったく関心がなくて困っているという不満も耳にします。管理組合への参加意識がある方は、理事に立候補することもよいのではないでしょうか。

実際の事例では、当初数年間はぎくしゃくした関係のあった理事会でも、おおむね10年以内には、元の権利者、新所有者という呼称はなくなります。まずは、心の壁を取り除くため、この呼称で呼ぶことをやめることから始めてはどうでしょうか。

〈暴力団（員）が区分所有者であるときの対応〉

Q48 標準管理規約では、暴力団員に貸与することを排除する規定がありますが（19条の2）、暴力団（又はその団員等）が区分所有者であることを排除できる規定はありません。何故でしょうか、またどうしたらよいでしょうか。

A 所有権という権利は強く、区分所有法や管理規約で制限できないのが原則で、所有権を有する者が誰に譲り渡すかは自由ですし、その所有権を強制的に奪うこともできないため、管理規約にも規定がないものと思われます。

しかし、マンションは共同で使用するものなので、あまりに共同の利益を害するという場合には、区分所有者らは、マンション内の秩序を回復するための最後の手段として、当該区分所有権の競売請求をすることができます。競売により落札されれば強制的に所有権を排除することができます。

所有権を失わせることはできないとしても、事務所としての使用を禁止することは可能です（標準管理規約12条）。また理事長は、区分所有者に、規約に反したことや不法行為に対して、行為の差し止めや損害賠償請求等の法的措置を取ることができます（標準管理規約67条）。

法的見解と対応策

1　暴力団への貸与

区分所有法では、管理又は使用に関する区分所有者相互間の事項を法律や規約で定めることができるとしています（法30条1項）。

貸与することへの制限は、所有権自体を制限するものではなく、その使用に関する事項として専有部分に関するものであっても規約で規制できます。標準管理規約19条の2を参照ください。

2　共同の利益に反する場合の競売請求（法59条）

競売請求は、共同の利益に反するとして強制的にその所有権を本人の

意思に反して手離させるものなので、それが認められる要件は厳密であるべきです。安易に適用されると、単なる好き嫌いや村八分的な目的のために請求されるおそれがあるからです。

判例では、組員が頻繁に出入りし、他の暴力団と対立抗争し、銃弾による襲撃や乱闘事件が起きるなど、住民の生活に重大な影響を及ぼす事例で、競売請求が認められています[1]。

もっとも区分所有者が暴力団員であっても、住居としてのみ使用していて、共同の利益を害していないという場合には、競売請求が認められない可能性が高いと思われます。

3　暴力団排除条例

ほとんどの都道府県において、暴力団排除の条例が施行されています。不動産の売買の際には、買主が暴力団等でないこと、その事務所等に使用する目的でないことを確認して取引するよう売主や仲介する不動産業者に努力義務を定めています。

売却の際には、信頼できる不動産業者を選ぶことが重要です。

 実務的な対応策と注意点

1　標準管理規約19条の2　コメントの区分所有者間契約

管理規約において、所有権の制限ができないことから、各区分所有者間で暴力団への譲渡を排除する契約を締結するという提案があります。

しかし、数の多いマンションにおいて、かつ所有者も入れ替わることを考えると、各区分所有者間で契約を締結することは現実的には難しいと考えられます。

区分所有者には、売却や賃貸の際に条例に従い、買主や借主の確認をすること、信頼できる不動産業者を選ぶことなど意識を持ってもらう働きかけをしてみましょう。

1　札幌地判昭61.2.18判時1180号3頁、名古屋地判昭62.7.27判時1251号22頁

第2-5　個人情報

〈改正個人情報保護法への対応①〉

Q49　平成29年5月30日から、改正個人情報保護法が施行になりました。管理組合にはどのような影響があるでしょうか。

A　改正法施行後は、管理組合も個人情報取扱事業者となります。従来から個人情報を適正に扱っていれば大きな負担増加とはならないと考えられますが、守るべきルールが法律に規定されていますので、下記の解説を参考に適正に運営してください。

 法的見解と対応策

1　管理組合が小規模個人情報取扱事業者となること

改正法により管理組合は、入居者名簿や区分所有者名簿等の「個人データ」で構成する「個人情報データベース」を業務に利用する団体になりました。従来の取り扱う個人情報の数が5,000を超えない場合は、事業者から除外する規定が、改正法によってなくなったためです。

個人情報保護法の監督機関である個人情報保護委員会のガイドラインでは、従業員（管理組合では、いわゆる理事）の数が100人以下で、取り扱う個人情報の数が5,000以下である場合には、小規模事業者とされ通常よりも多少簡易な運営手法が例示されています。

この範囲の規模の管理組合は、小規模事業者にあたることとなります。

2　個人情報取扱事業者の主な義務

A　取得と利用に関すること

B　保管に関すること

C　他人に渡すこと（第三者提供）に関すること

D　本人から開示を求められたときに関すること（解説省略）

3　A　取得と利用に関すること

　事業者は、個人情報の利用目的をできる限り特定し、取得にあたっては、その目的をあらかじめ本人に通知又は公表しなければなりません。

　組合員の資格の取得又は喪失について書面にて管理組合に届け出ることが標準管理規約31条では規定されています。入居者の氏名、年齢、電話番号、勤務先、家族構成等を記載した入居届を提出する規則の管理組合もあるようです。今までもこれらの情報は、管理運営や非常時の連絡等に利用されていたと思われますが、今後はこれら書面を受領する前に、利用目的を通知又は公表する必要があります。

　具体的には、「管理組合の運営のための連絡、通知のため」「居住者名簿を作成し、緊急時の連絡に使用するため」「反社会的勢力に関わるものの入居防止のため」といった内容になるでしょう。

　通知又は公表の方法としては、掲示板やフロントでの掲示、提出書式への記載等が考えられます。

　また、使用細則等が総会議決された場合は、各組合員へ議事録を配布し規約集へ綴じこんで保存することでもよいと思われます。

4　B　保管に関すること

　居住者名簿を紙で保管している場合は、金庫や鍵のかかるスペースでの保管をし、パソコン内での保管であれば、ファイルにパスワード設定をし、ウイルス対策をするなど、安易に流出しない対策が必要です。

5　C　他人に渡すこと（第三者提供）に関すること

　個人情報を本人以外の第三者に渡すときは、原則として予め本人の同意が必要です。管理会社も第三者にあたりますので、利用目的に「管理業務に使用する限度での管理会社への提供のため」を定め、通知又は公表しておいてください。

　また、情報を提供した第三者の氏名等を記録に残し、一定期間保存しておくことが必要です。

〈改正個人情報保護法への対応②〉

改正個人情報保護法に対して、**Q49**（P.104）のような義務があることは分かりました。実務的な対応についてアドバイスをお願いします。

スムーズな運営のために、以下のような手当てをしておくことがのぞましいでしょう。

 実務的な対応策と注意点

1 掲示

利用目的の定めや運用ルール等に関する細則の決定は総会決議が必要です。すぐに決定することができないケースもあると思います。

それまでの間は、まずは利用目的の掲示で区分所有者又は占有者に公表することをお勧めします。掲示の例は以下のようなものです。

個人情報の収集及び取り扱いについて

当管理組合は、以下の利用目的の範囲内で、区分所有者、占有者、及び同居人等の個人情報を収集いたします。また保有する個人情報について適切に取り扱います。

1. 個人情報の利用目的

本マンション管理規約、使用細則、その他の細則及び総会において決議された事項の範囲内で利用いたします。

2. 個人情報の保管

本マンション管理規約に従い適切に保管いたします。保管場所の定めのない個人情報は理事長の指定する場所にて保管いたします。

3. 個人情報の委託

上記利用目的の達成のため、収集した個人情報を管理会社等に委託する場合があります。

4．個人情報の第三者提供

　法令に基づく場合、本人並びに公衆の生命・健康・財産の重大な利益を保護する場合及び上記3に定める場合を除き、あらかじめご本人の同意を得ないで、個人情報を第三者に提供しません。

2　細則の作成

　組合員名簿管理細則、防犯カメラ運用細則、など特に多用される可能性のある個人情報には、総会決議を経て細則を策定しておくことをお勧めします。区分所有者が内容を承認したものであり、理事が都度個別の判断をする必要がないため理事の負担も減り、適切な運用が期待できます。

例：「組合員等名簿管理細則」

第1条　名簿記載の情報は、次の各号に掲げる目的のために利用し、他の目的に利用してはならない。
(1)　総会及び理事会の開催案内、決議事項等の通知
(2)　管理組合業務の遂行
(3)　管理組合業務の全部又は一部をマンション管理業者等に委託して行う業務
(4)　災害時及び緊急時の居住者安否確認及び連絡
(5)　その他理事会が必要と判断した業務の遂行

第2条　前条の規定は、次に掲げる場合の名簿の利用については、適用しない。
(1)　法令に基づく場合
(2)　人の生命、身体又は財産の保護のために必要である場合であって、本人の同意を得ることが困難であるとき。
(3)　公衆衛生の向上又は児童の健全な育成の推進のために特に必要がある場合であって、本人の同意を得ることが困難であるとき。
(4)　国の機関若しくは地方公共団体又はその委託を受けた者が法令の定める事務を遂行することに対して協力する必要がある場合であっ

> て、本人の同意を得ることにより当該事務の遂行に支障を及ぼすおそれがあるとき。

なお、標準管理規約64条1項では、区分所有者や利害関係者から閲覧請求があった場合は組合人名簿を閲覧させなければならない、としています。この場合の利害関係人について、コメントでは、敷地、専有部分に対する担保権者、差押え債権者、賃借人、組合員からの媒介の依頼を受けた宅地建物取引業者等法律上の利害関係がある者をいい、単に事実上利益や不利益を受けたりする者、親族関係にあるだけの者等は対象とならない、とされています。

標準管理規約に基づく管理規約の場合は、この利害関係人についても使用細則で明らかにしておくことが望ましいでしょう。

3 提出書式への利用目的の記載

組合員変更届、入居届、各種申込書（駐車場、駐輪場）等、各区分所有者又は占有者が管理組合に提出する書類は各種あります。その提出書式に当該利用目的を記載することにより、目的の通知をすることができます。

〈国勢調査、不動産業者等への回答〉

Q51
① 国勢調査の実施に際し、調査員から管理組合及び管理員に、世帯の居住の有無、居住者の氏名、人数等を回答するよう求められました。個人情報の取扱い上、問題はありますか。
② 区分所有者から住戸の売却の依頼を受けた仲介の不動産業者から管理会社に対して、当該住戸の管理費等の滞納額を教えてほしいと言われていますが、管理会社は教えてよいのでしょうか。

A
① 回答しても問題はありません。
　行政機関は、統計法30条に基づき国勢調査に関して第三者に対して協力を求めることができます。個人情報保護法は、「法令に基づく場合」に本人の同意を得ないで、個人データを提供することができると定めており、これに該当するといえます。
② 管理委託契約において、その旨が定められている場合は、管理組合に代わって、当該住戸の滞納額及びマンション全体の滞納額を開示することができます。

法的見解と対応策

1 「個人データ」の第三者提供

　管理組合は、改正個人情報保護法施行後は個人情報取扱事業者です。居住者台帳等で管理された居住者の名前等は、特定の個人を識別できる個人情報を、検索できるように体系的に構成したものといえ、「個人データ」にあたります。
　法律上個人データの取扱いは、個人情報の取扱いよりも義務が加重されています。本件に関連する義務としては、原則として予め本人の同意を得ないで第三者に提供してはいけない、というものがあります（個人情報保護法23条1項）。
　しかし、「法令に基づく場合」は例外とされています。

本件は、統計法30条の基幹統計調査への協力を行政庁が求めることができるという規定を、法令上の根拠として、例外に当たり、本人の同意なく提供することができると考えてよいでしょう。

2 「法令に基づく場合」の提供における、プライバシー侵害の問題

個人データ提供の根拠となりうる法令は多岐にわたりますが、実務的には①提供することが義務である場合と②法令上の根拠はあるが、提供することは任意である場合に分かれます。どちらも個人情報保護法上は問題がないとしても、②の場合は、プライバシー侵害のおそれがゼロではないので注意が必要です。

① 提供が義務である場合

　刑事事件の捜査令状に基づく場合、税務署の質問検査への回答などのケースであり、原則としてプライバシー侵害の問題は生じません。

② 提供が任意である場合

　各省庁のガイドラインでも、提供が義務である場合と任意である場合には異なる取り扱いとし、法令違反ではないが当該本人から、プライバシー侵害として民法上の損害賠償請求をされる恐れがあることを注記しているものがあります。

本件でも、統計法30条は協力を要請していることから、提出は義務ではなく②のケースにあたるといえます。もっとも国勢調査は、

・統計調査により集められた個人情報は、集計後は統計処理されることにより、個人を識別できない形で利用・提供される

・統計法では、統計以外の目的での調査票の使用が禁止されているなど、個人情報の取扱いに必要な制度上の規律が厳格に整備されている

ことなどから、プライバシー侵害の問題が生じる余地はないと考えてよいでしょう。

3 その他の例

民生委員、児童委員等からも、当該個人の保護等のために個人データ

提供を求められる場合があるかもしれません。民生委員、児童委員は特別職の地方公務員と整理されているので、個人データらの提供が法令に基づく場合や、当該民生委員等が法令の定める事務を遂行することに協力する必要があり、本人の同意を得ることで当該事務を遂行に支障を及ぼすおそれがある場合は、本人の同意をえることなく当該個人データを提供することができると考えられます（平成28年9月個人情報保護委員会　ガイドラインQ&Aより）。

4　管理会社が不動産会社に対して管理費の滞納額を開示する場合

区分所有法第8条では、住戸を次に買った人は、以前の所有者の滞納について債務を負うことになるので、不動産会社としてはこの内容を重要な事項として伝える必要があります。

標準管理委託契約14条では、売却の依頼を受けた不動産会社に対して管理組合に代わって開示する、と定めています。

実務的な対応策と注意点

国勢調査については、法律的には問題がなくても、調査員に教えた後に本人から教えたことについて不快感を示されたりすることを恐れ、伝えないとするケースもあるようです。直接教えるのではなくとも、本人の在宅時間を伝えてその時に来てもらう、調査員が入館しやすいよう、オートロックの開閉は行うなど、間接的な協力も検討しましょう。

また、最近はインターネットによる回答もできるようになりましたので、従来より、不在住戸の調査に関するトラブルは減ってきたように思います。

〈防犯カメラ画像取扱い〉

Q52 住戸で盗難事件があり、区分所有者からエレベータ、エントランス等に設置している防犯カメラを再生し、その画像又は写しを警察に提供したいと、理事会に依頼がありました。どうしたらよいでしょうか。

A 防犯カメラの使用細則があれば、それに従って判断します。
使用細則等がない場合、又はあっても「理事会の協議による」などの一般的な記載しかない場合等は、犯罪があった事実が確認でき、警察からの依頼があった場合には対応するという判断でよいでしょう。

この場合の警察からの依頼が、捜査令状という強制令状でなく、任意捜査に対する協力依頼である場合でも、マンション内での盗難の事実が確認できていること、その事実に関連する日時や場所について必要な範囲に限定されていれば、対応してよいと考えます。再生の際には、理事の何人から立会い、必要な範囲に限定されていること等を確認しましょう。

 法的見解と対応策

1 「顔」画像は個人情報

顔が判別できて具体的に誰かを特定することができる画像は、「特定の個人を識別できるもの」として、名前や生年月日等の記録と同様に、個人情報保護法の「個人情報」に当たります。

改正個人情報保護法が平成29年5月30日より施行され、居住者名簿等を作成・保管している管理組合も、その保有する情報数によらず、同法に定める個人情報取り扱い事業者となり、同法上の義務を負うこととなりました。

したがって、管理組合は、「顔」画像について、同法に従って適正な運用をすることが必要です。

2　防犯カメラに関して管理組合が行うべきこと

　一般的に、個人情報の取得においては、利用目的を特定し、「顔を含むカメラの画像を、犯罪の防止・発覚等の対応等に利用します」など、利用目的を公表又は通知して、情報を取得することが求められます。しかし、防犯カメラであることが明らかであれば、その利用目的は明らかであるとして、公表・通知は不要です。

　管理組合は、取得したカメラ画像等の情報を、予め本人の同意を得ないで、規定された利用目的を超えて利用することはできません。犯罪の事実が明らかである、というような場合には、利用目的の範囲内と考えることができるでしょうが、そこが曖昧なままに私人等に情報を提供する等すると、利用目的を超えているというおそれがあります。また、犯罪への対応としても、不必要に広範囲な画像、関係のない第三者の画像の提供等が利用目的を超えることになるおそれがあります。

　その他、管理組合は個人情報の取扱に関する苦情の適切かつ迅速な処理に努める義務があります。

 実務的な対応策と注意点

1　マンション内での利用

　警察に通報するまでには至らないトラブル（落書き等のいたずら、つば吐きや嘔吐などの行為）や、ルール違反（粗大ごみの無断投棄、自転車等の無断放置等）の監視についても利用されることがあります。

　これらも、予め明らかな利用目的と解されますが、適正に利用したということを担保するため、理事が複数で立会うことが望ましいでしょう。

2　使用細則作成のおすすめ

　本問のような場合に、速やかにかつ公平な対応ができるように、使用細則を定めておくことをお勧めします。

　Web付録No.8（防犯カメラ運用細則）をご参照ください。

第 **3** 章

金銭に関する
トラブル

第3-1 管理費

〈滞納管理費の回収〉

Q53 管理費を滞納している区分所有者が多くて困っています。回収するにはどのように督促すればよいですか。

 滞納している区分所有者に電話、書面、訪問等による督促を行います。滞納から6か月程度をめどに法的措置を検討して、実行するのがよいでしょう。

法的見解と対応策

1 書面等による請求

マンション標準管理規約のコメントには滞納管理費回収のためのフローチャートが添付されていますので、督促の手順はそれらに従って行います。

書面による督促は、時期及び状況により内容を変化させます。たとえば、1か月目は管理費が未納であることを知らせ、2か月目は滞納管理費を請求し、3か月目は支払を催告するとともに法的措置を検討する段階であることを連絡します。4～5か月目には内容証明郵便で支払を催告するとともに、法的措置の予告を行います。

2 法的措置の検討

滞納管理費は先取特権の被担保債権となっていますので（法7条）、裁判を起こさなくても担保不動産（区分所有権や建物内の区分所有者所有の動産）に対して競売を申立てることができます。しかし、管理費を滞納している人は、他にも債権者がいたり、当該不動産に抵当権をつけていたりするために、滞納管理費にまで配当がないケースも考えられます。

また、保有資産の調査の結果、滞納している人が他に財産を所有していることが判明した場合は、訴訟を提起して確定判決を取得したうえで、それらの財産に強制執行を行います。このケースも他の債権者がいるこ

とがありますので、回収ができない可能性も検討しなければなりません。

滞納管理費の消滅時効は支払期限から5年です（民法第169条）[1]。法的措置を講じるかどうか及びその時期を検討するにあたっては、消滅時効成立日も重要となりますので、場合によっては上記1で述べた手順の途中で法的措置を行うこともありえます。

3　区分所有権の競売（法59条）

上記2の方法でも滞納管理費を回収できないことが確実な場合は、法59条による区分所有権の競売請求について検討します。

法59条は、上記2の方法によっては滞納管理費の回収ができない場合であることを要件としますが、裁判例によって判断が分かれており、十分な検討が必要です。

4　特定承継人からの回収

長期に渡って管理費を滞納している人は、経済的に破綻して、任意売却あるいは競売によってマンションを手放すケースも多いと思われます。そこで上記2、3で回収できなかったとしても、新たな区分所有者に対して請求を行うことができます（法8条）。

特定承継人からの回収を視野に、請求方法を検討することも重要です。

 実務的な対応策と注意点

法的措置は、弁護士等の専門家に依頼して対応しましょう。確かに標準規約コメントに手順等は記載されていますが、専門家がいない場合に理事長がこれらの手続を行うことは困難です。

どこに相談したらよいかわからないなどの場合は、地方自治体等が開催する相談会などで相談してみるとよいでしょう。

1　最判平16.4.23民集第58巻4号959頁、判タ1152号147頁

〈理事長自身が管理費を滞納している場合〉

Q54 管理組合の理事長Aさんが管理費を滞納しています。Aさんに対して訴訟を提起したいのですが、管理規約では理事長だけに訴訟を提起する権利があるため、このままでは訴訟ができません。どうしたらいいですか。

A 理事会で、Aさんを理事長から解任し、他の理事を理事長に選任します。新たに選任された理事長がAさんに対する管理費滞納の訴訟を行うことになります。

 法的見解と対応策

　区分所有法は区分所有者を代理する者として「管理者」を総会で選任するよう定めています（法25条1項）。選任された管理者は、区分所有者を代理しますので、管理費を滞納した区分所有者に対して管理費を請求し、総会の決議によってあるいは規約により、法的措置を行うことができます（法26条2、4項）。標準管理規約では、管理者は理事長がなると定められていますので、以下は管理者を単に「理事長」といいます（標準管理規約38条2項）。

　ところで、管理費の滞納に関する対応は、迅速に行う必要があることから、標準管理規約では、理事会の議決で理事長が法的措置を行えると定めています。そこで管理費の請求等は、理事長が管理組合を代表して訴訟等の法的措置を行います（標準管理規約60条4項）。

　本件では理事長のAさんが滞納者ですから、理事長と滞納者が同一人物となるため、Aさん自身が法的措置を行うことはできません。

　標準管理規約39条には、理事長に事故があるときは副理事長が理事長の職務を行うとの規定がありますが、事故とは偶発的に発生する事象であり、管理費の滞納は事故ではないので、副理事長が法的措置を行うことはできません。

　そこで、法的措置を行うには理事長を変更する必要があります。

標準管理規約には理事会で理事長を解任できるとした規定はありません。しかし、標準管理規約には「理事長は、理事の互選により選任される」との規定があり（標準管理規約35条3項）、このような選任の規定がある場合は、理事の過半数の一致により理事長の職を解き、別の理事を理事長に定めることができると解されています（最判平成29年12月18日　裁判所ホームページ）。

これにより、理事会で理事長を解任し、新たに他の理事を理事長に選任します（標準管理規約35条3項）。そして新たな理事長がＡさんに対して訴訟を提起します。

実務上の対応策と注意点

理事長は、いったん選任してしまうと、同じマンションの区分所有者同士の心理的な遠慮や抵抗もあり、解任決議のため臨時総会を開催することは難しくなります。

したがって、長期滞納者は、そもそも理事長に選任しないよう「事前の確認」をします。

理事長Ａさんが、長期にわたり管理費を滞納していた場合は、Ａさんの前の理事長Ｂさんは、そのことを知ることができたはずです。

理事長は管理会社から管理費等の滞納状況を毎月の収支報告書（マンションの管理の適正化の推進に関する法律施行規則87条5項）にて確認することができます。

Ｂさんは、任期の終了前に、次期理事候補の方の中に長期滞納者Ａさんがいることを知った場合に、それ以外の理事候補に理事長に立候補していただくようお願いしておくなど、Ａさんが理事長に選任されないようにする対応策を講じておくべきだったかもしれません。

〈滞納管理費の遅延損害金〉

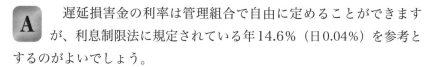

Q55 管理費の滞納額に対する遅延損害金は何％が適当ですか。

A 遅延損害金の利率は管理組合で自由に定めることができますが、利息制限法に規定されている年14.6％（日0.04％）を参考とするのがよいでしょう。

📖 法的見解と対応策

　管理費のように支払期限が定められている債務について、支払期限を守らなかった場合（支払期限が過ぎてから支払った場合）、債務者に対して損害賠償を請求することができます（民法415条）。管理費の支払のような金銭債務の場合、損害賠償の金額は、支払わなかった金額に対して、支払期限から支払われるまでの期間の割合で計算します。

　標準管理規約コメントでは、管理費等は、日々の維持管理のために必要不可欠なものであること、手間や時間コストなどの回収コストが膨大となり得ることから、利息制限法や消費者契約法等の規定よりも高く設定することも考えられるとしています。

　しかし、一般的な金銭債権の遅延損害金は民事法定利率（年5％）であること、また貸金債権は利息制限法で規定する利率を上回る場合は無効となることから、利息制限法の利率に準拠するのが適当と思われます。

実務上の対応策と注意点

　多くのマンションでは「14.6％」と定めています。利息制限法を参考に、多くのマンションの分譲会社が原始規約にて14.6％と定めたことから、これがいわば「相場」になったものと考えられ、後で率を上げた事例はあまり聞きません。

　管理規約で遅延損害金の利率を定めていても、総会や理事会において、悪質な遅延でない場合は遅延損害金を請求しないと判断した場合は、請求しないこともあります。

〈管理費滞納者の名前の公表〉

Q56 管理費の督促を目的に、マンションの掲示板に滞納者の氏名を公表したいのですが、名誉毀損になりますか。

A 管理費を滞納している事実はその人の経済状態を推測させるため、名誉毀損やプライバシー侵害に当たる可能性があります。刑事上の処罰を受けないとしても、損害賠償請求される可能性は否定できません。

 法的見解と対応策

　人の名誉とは、人の社会上の地位又は価値をいいますが、マンションの掲示板に管理費の滞納者として氏名を公表することは、不特定多数の人に対して、管理費を滞納している事実を表すことになります。そして、管理費を滞納している事実はその人の経済状態などを推測させ、滞納者の社会上の地位や価値を毀損する可能性があります（刑法230条1項）。

　実際には刑法上の処罰を受けないとしても、滞納者から名誉棄損を理由に損害賠償請求を受ける可能性は否定できません。

　また、管理費を支払っているか否かは、人の私生活に関わることですから、プライバシーであるということもできます。名誉棄損とともにプライバシー侵害を理由に損害賠償請求を受ける可能性もあります。

 実務上の対応策と注意点

　滞納者の氏名を公表しても滞納管理費の回収につながることは、あまりないように思います。管理費等の滞納は早期（おおむね3か月以内）に督促をしていれば、ほとんどの場合早期に解消されています。

第3章　金銭に関するトラブル

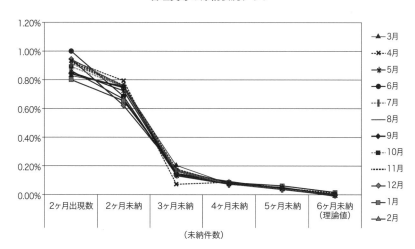

管理費等の滞納状況グラフ

（大和ライフネクスト調べ　管理費等滞納割合N＝14万件）

　このグラフは、管理費等の滞納状況の毎月の月次推移を表しています。どの月でも、２か月目までは0.8％程度あった管理費等の滞納が、３か月目で0.1％まで落ちていることがわかります。半年以上の長期滞納になるケースは全体の１％未満にすぎません。氏名の公表よりマンションに住んでいる方の場合は、ご本人に直接電話する、訪問するなどの方法をとるべきでしょう。管理費等の滞納は、できるだけ早期に督促をすることが大切です。

　また、長期滞納者は、管理費等の滞納だけでなく住宅ローンや他の借り入れなども滞納している場合が多いようです。直接対話することにより、他の支払いより優先的に支払うことや分割払いなどの具体策を提示するなどして早期解決を図るほうがよいと考えます。

第3−1 管理費

〈駐車場使用料の特定承継人への請求〉

区分所有者に駐車場を貸していましたが、その区分所有者は駐車場使用料を滞納したまま、家を売却してしまいました。新しい区分所有者に滞納した駐車場使用料を請求できますか。

駐車場使用料は特定承継人に請求できない可能性がありますので、駐車場使用料を滞納させないような方策をとるべきでしょう。

 法的見解と対応策

家を購入するなどで区分所有権を承継した者（特定承継人）は滞納管理費の支払義務を承継します（法8条）が、滞納した駐車場使用料が特定承継人に対して請求できるかについては、裁判例は分かれています。

認めた裁判例では、管理規約において、マンションの共用部分より発生する使用料は管理組合に帰属し、その使用料は管理に要する費用に充当されること、駐車場が本件マンションの共用部分に含まれ、別途契約により専用使用権を設定できることが定められており、これらの規定が「共用部分の管理に関する事項」に当たることから、規約に基づき他の区分所有者に対して有する債権に当たると認めたうえで、滞納した使用料については、特定承継人にも請求できると判断しました[1]。

しかし、看板使用権を対象にした事例ですが、看板使用自体は区分所有者と管理組合の契約によるので、管理規約上、区分所有権に付従する権利として区分所有権と一体的に譲渡されることを必ずしも予定していないことから、法7条及び8条に基づき区分所有者が特定承継人に対して看板使用料請求権を行うことを予定していないと考える余地がある、として特定承継人に対する請求を認めなかった例もあります。

このようなことから、滞納した駐車場使用料を特定承継人に対して請求できるとは断定できません。管理組合はできる限り滞納させない方策

---

1 東京地判平20.11.27ウエストロー・ジャパン

をとるべきでしょう。

 実務上の対応策と注意点

1　駐車場使用料の定義

　駐車場使用料は、規約15条に定めるほか、規約25条にも管理費等と同様に駐車場使用料を定義しておきましょう。督促や訴訟の際は管理費や修繕積立金と同様に請求するようにします。

　また、滞納した場合は駐車場賃貸借契約を解約することができる条文を賃貸借契約書や使用細則に記載しておきます。駐車場使用料の滞納は多額にならないようにすることが大切です。

2　使用細則を規定

　管理費、修繕積立金、駐車場使用料の全部を滞納している人から、一部入金があった場合に駐車場使用料から優先的に充当するなどの使用細則を定めておくとよいでしょう。

　なお、管理組合から駐車場を賃借人等に直接賃貸している場合で、賃借人が滞納したまま退去した場合は、転居先などを追跡し、支払いを求めることはほぼ不可能です。区分所有者に賃貸し、区分所有者から賃借人に又貸しするなどの契約方法としておくほうがよいでしょう。

〈管理費のクレジットカード支払〉

 管理費をクレジットカードで支払うことはできますか。

 管理費の徴収方法は管理規約に定められているため、クレジットカード支払を導入する場合は、総会決議で管理規約を改定し、その旨を定めることが必要です。

 法的見解と対応策

管理費の徴収方法は管理規約に定められており、標準管理規約では口座振替の方法が定められています（標準管理規約60条1項）。管理費徴収方法にクレジットカード支払を追加する場合も、規約に定める必要があります。

ところで、クレジットカード支払は管理組合あるいは管理会社が各カード会社の加盟店になる必要があり、手数料も管理組合負担となります。クレジットカード支払を導入するか否かは、理事会、総会で十分に検討する必要があります。

 実務上の対応策と注意点

クレジットカードによる支払いは多くのカード会社でポイントを付与していることから、管理費等もクレジットカードで支払いたいというご要望があります。

一方、規約60条「組合員が各自開設する預金口座から口座振替の方法により」に基づき、クレジットカード払いを認めず、口座振替にて管理費等を徴収している管理組合は多いと思います。

集金代行会社を利用して口座振替をしている場合、1件あたりの引き落とし手数料は多くの場合100円未満です。管理会社の負担となっている場合でも、その分は管理業務委託費に含んでいると考えられ、結果として管理組合の負担であると考えることができます。

クレジットカードの場合は、1件あたりの課金ではなく、引落し金額の○％という料率の計算で手数料がかかります。仮にこの料率を4％と仮定した場合（各カード会社や条件等により手数料率は異なります）、管理費1万円、修繕積立金1万円、駐車場使用料1万円、合計3万円の住戸では、3万円×4％＝1,200円の手数料がかかることになります。100円未満の口座振替手数料と大きな差があります。区分所有者にポイントが付与されても、その原資となる手数料を管理組合が支払っているという構造になってしまいます。

　なお、クレジットカード払いの場合、管理費等の滞納があった場合でもカード会社から支払いがされますので、一時的な滞納管理費の問題の解決策になります。ただし、カード利用者がカード利用限度額を超過したり、カード会社に対する支払いが滞ったりした場合はクレジットカードの利用ができなくなります。この場合はカード会社からの支払いはなされず、管理費等は滞納となってしまいます。

　なお、分譲会社が特定のカード会社と提携するなどしてクレジットカード払いができるようにして販売しているマンションもあります。

〈管理組合口座の名義〉

Q59 管理組合の通帳の口座名義が旧理事長のままであることがわかりました。旧理事長はすでに部屋を売却して区分所有者ではありません。もし、旧理事長が破産した場合、管理組合の口座は差押えの対象になりますか。

　口座に預けている金員の所有者は、口座名義人ではなく実際のお金の所有者と解されていますので、管理組合の口座が差押えの対象となることはありません。万一差し押さえられてしまった場合は、強制執行の手続において口座の持ち主が管理組合であることを証明する必要があります。

法的見解と対応策

通常、人の集合体である団体は代表者を定めなければ法律行為ができません。管理組合における代表者は理事長になります。そこで、理事長が交代する場合は、管理組合の通帳の名義も新理事長に変更する必要があります（標準管理規約62条）。

ところで、預金債権の持ち主は、判例では、口座のお金の所有者が管理組合であるならば、管理組合となります（主観説）[1]。したがって旧理事長が破産したとしても、管理組合の口座が差押えの対象となることはありません。

しかしながら、万一差し押さえられてしまった場合は、口座の持ち主が管理組合であることを証明する必要があります。

このような事態を避けるためにも、早急に金融機関に連絡のうえ、口座名義を現理事長に変更しましょう。

1　最判昭57.3.3金融法務事情992号28頁

実務上の対応策と注意点

　理事の任期は1年ないし2年の場合が多く、毎回同様の内容の名義変更や引継ぎが必要になりますので、これらの内容は「理事長引き継ぎ書類セット」として取りまとめ、次の理事長に確実に引継ぎができるようにしておきます。

　口座名義の変更については、銀行の変更手続書類のほか、理事長が変更になったことがわかる総会議事録を求める金融機関もあります。遅滞なく新理事長に名義変更するためにも、総会終了後はすぐに議事録を作成するようにします。

　このほか、理事長交替時に必要な名義変更には次のようなものがあります。
① 　火災保険等の損害保険の名義変更
② 　マンションすまいる債等を購入している場合の名義変更
③ 　管理組合が運営するホームページ等があり、理事長が管理者となっている場合のID、パスワード

　また、管理事務室に書庫等を設置して保管し、その鍵を引き継ぐこととしている管理組合もあります。引継ぎを受けた理事長は必ずその所在を確認するようにしてください。

　なお、規約64条、72条により理事長が保管すると定められている書類もあります。規約64条コメントでは、理事長の責めに帰すべき事由により適切に保管されなかったため、当該帳票類又は書類を再作成することを要した場合には、その費用を負担する等の責任を負うとしていますので注意が必要です。

第3-2　不在者等の管理費

〈区分所有者の死亡後、相続人がいない場合〉

Q60 マンションの区分所有者が死亡しました。相続人もいないようです。管理費等も滞納のままです。どうすればよいですか。

A 相続人が不在の場合は、区分所有者の遺産は相続財産法人となりますが、まず、区分所有権の移転を確認し、移転していれば特定承継人に請求します。区分所有権が移転していなければ相続財産法人への請求を検討します。

法的見解と対応策

1　一般的な相続

区分所有者が死亡した場合、相続人がマンションの区分所有権及び滞納管理費の支払債務を相続します。

滞納管理費は相続人全員が相続分に応じて支払義務を負います。

マンションの区分所有権は、遺産分割協議が終了してこのマンションを相続する人が決まるまでは、相続人全員で共有しますので、管理費も相続人全員がそれぞれ管理費全額を支払う義務を負います。

したがって、実務上は、区分所有者が決まるまでは、相続人代表者を確認のうえ、代表者に滞納分を含め管理費を請求するとよいでしょう。

マンションを相続する人が決まったら、新たな区分所有者が管理費の支払義務を負います。そこで新たな区分所有者に、滞納分も含め、管理費を請求します。

2　相続人不在の場合

(1)　相続財産管理人への請求

相続人が不在の場合、死亡した区分所有者（「被相続人」といいます。）の相続財産は相続財産法人となります（民法951条）。相続財産法人の

代表者は相続財産管理人ですので、滞納管理費及び区分所有者死亡後の管理費を相続財産管理人に請求します。しかし、被相続人に債務が多いと、相続財産から支払ってもらえない場合もあります。

なお、相続財産管理人は利害関係人の請求により家庭裁判所が選任します（民法952条1項）。マンション管理組合も債権者ですので、利害関係人として相続財産管理人の選任を請求することができます。ただし、選任の請求にあたっては、報酬の予納が必要になるなど手続が煩雑ですので、状況に応じて行います。

相続人が不存在である場合であっても、特別縁故者に対して相続財産が与えられることがありますので（民法958条の3第1項）、特別縁故者がマンションを取得することがあります。この特別縁故者はマンションの特定承継人となります。

(2) **特定承継人への請求**

相続財産管理人がこのマンションの区分所有権を売却したり、抵当権者が抵当権を実行して競売したりすることがあります。

前述の特別縁故者及びマンションの買受人は特定承継人となりますので、滞納管理費は特定承継人に請求します（法8条）。

 実務上の対応策と注意点

相続人不在の場合は、弁護士等の専門家に依頼して対応することをお勧めします。

〈区分所有者が認知症となった場合〉

Q61 マンションの区分所有者が認知症になり、長期に管理費を滞納しています。親族の連絡先も分かりません。どうすればよいですか。

A 区分所有者が認知症で意思能力を失っている場合は、当該区分所有者の成年後見人に財産を管理してもらう必要があります。管理組合には成年後見開始の審判を申し立てることはできませんので、市町村との連携が欠かせません。

 法的見解と対応策

区分所有者が、認知症等が原因で、意思能力を失っている場合、管理費の督促をしても、本人は有効に財産を処分することができません。そこで、財産を管理する成年後見人をつけて管理費を支払ってもらいます。

区分所有者の親族に成年後見の審判の申立をしてもらうことになりますが、親族がいなかったり、連絡がとれない場合も考えられます。

しかし管理組合は、成年後見開始の審判を申立てできません。そこで、市町村と連携し、区分所有者の状態を説明の上、市町村長に成年後見開始の審判を申し立ててもらうことになります（老人福祉法32条1項）。

成年後見人は、区分所有者（被後見人）の財産を管理し、財産に関する法律行為について区分所有者を代理します（民法859条1項）。成年後見人の選任後は、管理費（滞納管理費を含む）を成年後見人に請求します。

 実務上の対応策と注意点

認知症の疑いがある独居の高齢者がいる場合は、地域の民生委員や地域包括支援センターなどに相談してみましょう。管理組合のみで解決できる問題ではありません。解決できる団体や関係者にうまくつないでいく以外に方法はありません。

〈行方不明の区分所有者〉

 区分所有者が行方不明になっています。管理費等も滞納したままです。どうしたらよいですか。

 不在者財産管理人を選任する方法、行方不明の区分所有者に対して管理費請求の訴訟を提起する方法などを状況に応じて検討します。弁護士等の専門家に法的対応を依頼したほうがよいでしょう。

 法的見解と対応策

1　不在者財産管理人の選任

行方不明となった区分所有者に、マンション以外の財産等があることがわかっている場合などは、不在者財産管理人を選任して、管理費を請求することが考えられます。

行方不明の場合、家庭裁判所は利害関係人の請求により不在者財産管理人を選任することができます（民法25条1項）。

マンション管理組合は債権者ですので、利害関係人として不在者財産管理人選任の請求をすることができます。不在者財産管理人選任後は、不在者財産管理人に、滞納分も含め、管理費を請求します。

2　訴訟と強制執行

行方不明となった区分所有者に、マンション以外の財産がない場合や管理費の消滅時効の日が迫っている場合などは、マンションを売却して滞納管理費を得ることになります。

この場合は、区分所有者に対して管理費請求の訴訟を提起します。区分所有者が行方不明の場合、訴状は公示送達で送ることになります（民事訴訟法110条1項）。判決を取得して、強制執行でマンションを競売する手続を行います。

第3-3　税金・収益事業

〈区分所有者以外への駐車場の賃貸〉

Q63
① マンションの駐車場は区分所有者が使用することになっていますが、賃借人も使用できますか。この場合、管理組合が貸すのでしょうか。
② マンションの駐車場が空いているので、近隣の方に直接貸したいのですが、どうすればよいですか。

A 駐車場を区分所有者以外の人に使用させるには、管理規約を改正する必要があります。なお、駐車場を賃借人に使用させる場合、区分所有者が賃借人に又貸しするケースと直接管理組合が賃借人に賃貸するケースがあります。

区分所有者が賃借人に又貸しする場合は課税対象となりませんが、管理組合が区分所有者以外の者に貸し出す場合は収益事業として課税されますので、税金の申告が必要となります。

 法的見解と対応策

1　管理規約の改正

マンションの駐車場は区分所有者に使用させることを前提とした規定内容となっており、第三者への賃貸、譲渡は禁じられています（標準管理規約15条）。したがって区分所有者以外の第三者に駐車場に使用させる場合には、管理規約の改正が必要となります。管理規約の改正は総会の特別決議で行います。

賃借人に使用させるには、区分所有者が賃借人に賃貸する（いわゆる「又貸し」）ケースと管理組合が賃借人に直接賃貸するケースがあります。又貸しの場合、管理組合との直接の契約ではないため、賃借人のみを対象とするなど対象を限定しておいた方がよいでしょう。

なお、実務で説明するように、直接賃貸するケースは課税対象になる

場合があります。

2　第三者との契約内容

区分所有者に対しては、駐車場使用細則はもちろん、区分所有法や管理規約が適用されますので、共用部分としての駐車場の使用差し止め等を行うことが可能です。居住者（賃借人）に対して、管理組合が直接賃貸するケース、区分所有者が又貸しするケースも、区分所有者に対する規約等が適用されると考えてよいでしょう。

しかし第三者にはこれらが適用されませんし、マンションの総会決議の効果は及びません。このようなことを踏まえて、駐車場賃貸契約に使用細則を適用する条項を入れるなどする必要があります。

契約内容の決定は総会の普通決議で行います。

 実務上の対応策と注意点

従来は駐車場が不足し、順番待ちや抽選による総入れ替えとすることの是非が問われてきましたが、昨今では車離れが進み、駐車場が空いてしまうという現象が都市部を中心に起きています。駐車場使用料は管理費や積立金の一部に充当されますので、管理組合の資金不足に直結し、深刻な問題に発展しているケースもあります。

この場合は、第1段階として区分所有者以外の賃借人に貸す、それでも空いてしまう場合は第2段階として第三者に貸す等の方法が検討されます。

(1) 賃借人に直接貸す場合

管理組合が直接、賃借人と駐車場賃貸者契約を締結する場合は、収益事業に該当し、その収益は課税対象になります。ただし、管理組合と区分所有者が駐車場賃貸借契約を契約し、区分所有者が賃借人に貸すという、いわゆる「又貸し」をする場合は、課税対象になりません。

賃借人が多い投資型マンションなどでは又貸しを認める規約とするケースが多いようです。なお、又貸しの場合は区分所有者個人が課税対象となる場合があります。

(2) **管理組合がマンションの近隣の方に貸す場合**

　この場合は、収益事業に該当し、課税対象になります。立地条件のよいマンションでは、不動産会社などが一括で借り上げてくれる場合もあります。

　なお、納税のための申告書の作成などに要する税理士報酬や法人税等を支払うと必ずしも管理組合のプラス収益にならない場合もありますので、事前に税理士に相談しましょう。なお、税理士以外はこれらの税務相談に応じることができません。

　このほか、空き駐車場を来客用駐車場とすることも考えられます。

〈参考〉

国税庁ホームページ

マンション管理組合が区分所有者以外の者へのマンション駐車場の使用を認めた場合の収益事業の判定について（照会）

https://www.nta.go.jp/shiraberu/zeiho-kaishaku/bunshokaito/hojin/120117/besshi.htm

〈携帯電話基地局の設置〉

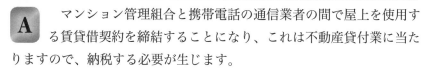
Q64 マンションの屋上に携帯電話の基地局を設置することを検討しています。設置したら税金を支払う必要がありますか。

A マンション管理組合と携帯電話の通信業者の間で屋上を使用する賃貸借契約を締結することになり、これは不動産貸付業に当たりますので、納税する必要が生じます。

 法的見解と対応策

マンション管理組合に対する法人税は収益事業から生じた所得に対して課されます（法人税法7条）。法人税法上の収益事業には一定の事業が定められていますが、この中に不動産貸付業が含まれています。

携帯基地局を屋上に設置するということは、マンション管理組合が携帯電話の通信業者との間で建物賃貸借契約を締結し、当該契約に基づいて通信業者がマンションの屋上を使用し、その設置料収入を支払っていることになります。

この態様では、マンションの不動産貸付業に該当しますので、課税されます。

 実務上の対応策と注意点

携帯電話基地局は、各携帯電話会社からの賃借料も多額であることから、課税対象であっても収益事業として検討する管理組合も多いです。

ただし、収益になるからといって、どのマンションでも基地局として賃貸事業が開始できるわけではありません。幹線道路に面している、他に高層の建物がないなどの携帯電話会社の条件に適合している必要があります。

また、アンテナは重量がありますので、屋上がその重量に耐えられるかどうかの確認も必要です。

なお、せっかく基地局として収益事業を開始しても、近隣に高層の建築物が建築され、その建物が携帯電話会社と契約を締結し、マンションの基地局

が不要となり、解約となった事例もあります。携帯電話会社との契約条件をよく確認すること、基地局としての収益だけをあてにしすぎないことが必要です。

〈参考〉

国税庁ホームページ

マンション管理組合が携帯電話基地局の設置場所を貸し付けた場合の収益事業判定

https://www.nta.go.jp/shiraberu/zeiho-kaishaku/shitsugi/hojin/21/11-2.htm

第4章
日常生活のトラブル

第4-1　ごみ・放置物

〈放置自転車の処分〉

　長期にわたり自転車置き場に自転車が放置されています。タイヤもパンクしており、どう見ても使用されていません。管理組合が処分してもよいでしょうか。

　管理組合で勝手に処分することはできません。できるだけ所有者を探しましょう。処分、廃棄にあたっては条例等に違反しないかを確認してください。

法的見解と対応策

1　勝手な処分は厳禁

所有者が不明で使用されている様子がなくても、勝手に撤去・処分してしまうと思わぬトラブルになることがあります。物の処分方法は法律で定められていないので、処分には注意する必要があります。

まず、実務で説明している方法で所有者を探します。

2　処分方法

警察に遺失物として届けたにも関わらず、所有者が判明しなかった場合は、拾得者が所有権を取得します（民法240条）ので、拾得者である管理組合が自転車の所有権を取得します。

また、手段を尽くしても所有者が見つからなかった場合は、この自転車の所有権が放棄されているとみなします（所有権が放棄された物を「無主物」といいます）。無主物は一番最初に占有した人が所有権を取得しますので（民法239条）、管理組合が占有し、自転車の所有権を取得します。

その後、適宜、自転車の撤去及び廃棄処分を行います。処分後に所有者が判明した場合は、処分費用を請求することができます。しかし判明しなかった場合は、請求できませんので、管理費から支出します。

3　条例の確認

放置自転車等の撤去、移動について、地方公共団体の条例が定められている場合があります。私有地であるマンション敷地に適用されるか否かは条例の内容によりますが、適用されない場合も準拠した方がよいでしょう。

 実務上の対応策と注意点

放置自転車を処分する場合には、事前に下記のようなプロセスを経ておきましょう。事前の対応を丁寧にすることで、トラブルを防止することもできます。

1　不要自転車と放置自転車を区分

不要自転車とは、所有者が判明している自転車で、現在使用されていないもの、放置自転車とは、内部、外部を問わず、所有者不明で放置されているものをいいます。これを区分します。

2　不要自転車を処分する

掲示物等で自主的な処分を依頼します。所有者に確認のうえ、使用しないのであれば所有者に処分を依頼します。

3　放置自転車（所有者不明の自転車）を処分

① 放置されている自転車そのものに、貼紙等で処分のお願いをするとともに、自転車置場内にも掲示します。
② 警察に盗難車であるかどうかの確認をします。
　届出有：盗難届が出されていれば、警察から所有者に連絡がされます。
　届出無：自転車置場内見やすいところに「放置自転車の処分のお知らせ」を最低1か月以上掲示します（掲示板への掲示だけでは告知不足のおそれがあります）。処分の方法と期日を明記し、後日の苦情に対し対応できるよう配慮しておきます。
③ 掲示期間終了後に処分を検討します。

〈廊下へあふれたごみの廃棄〉

 ごみ屋敷になっている住戸があります。そのごみが共用廊下にあふれていますが、管理組合がごみを強制的に廃棄できますか。

 共用部分のごみが区分所有者の共同の利益に反するといえるほど大量になっている場合などは、共用廊下のごみは撤去できます。

法的見解と対応策

マンションに住むということは、他の住民と共同の建物を使用することですので、区分所有者は建物の保存、管理や使用に関し区分所有者の共同の利益に反する行為をしてはなりません（法6条1項）。

ごみは適切に処理しなければ、悪臭の原因となりますし、ネズミや虫、病気を媒介する生物を発生させることがあります。またごみを共用部分に放置することは、美観を損ねるなどで建物の資産価値を減じることも考えられます。このように、ごみの放置は他の区分所有者の共同の利益に反する行為となりえます。

そこで、共用廊下にあふれたごみが区分所有者の共同の利益に反すると言えるまで大量であったり、虫などが発生したりした場合には、他の区分所有者全員又は管理組合法人は、あふれたごみを撤去することができます（法57条1項）。

標準管理規約では、法57条から60条までの規定に基づく必要な措置は管理組合が行うことができるとされています（標準管理規約66条）。

したがって、管理組合は、共用廊下（共用部分）にあふれたごみを撤去することができます（法57条1項）。撤去にかかった費用は当該区分所有者に請求できます。

ところで、本問の住戸はごみ屋敷となっているそうなので、当該区分所有者の専有部分にもごみは放置されていると思われますが、管理組合は専有部分に入ってごみを撤去することはできませんので、注意が必要です。

実務上の対応策と注意点

　ごみ屋敷問題の解決には、やはりごみを蓄積している人の親族の方の協力が必要です。管理組合が市役所等に相談しても、親族からの相談でないと対応は難しいとされるケースが多いようです。親族に連絡がつく場合には、親族から本人を説得していただくか、親族から行政に相談していただくよう依頼してみましょう。

　また、本人にごみを処理する能力がなくても、ごみの処分に同意するようであれば、専門のごみ処理業者に依頼してごみを搬出してもらうこともできます。ただし、その費用は本人又は親族に負担してもらうようになります。親族、行政の協力がないと専有部分のごみ処理を訴訟以外の方法で解決することは難しいと思われます。

　なお、ごみが撤去された後、再度ごみ屋敷にならないようにすることも大切です。本人や親族から誓約書を提出させ、再度ゴミが集積された場合は、その処理費用を負担することを約しておきましょう。

第4章　日常生活のトラブル

〈ごみ置き場にあるごみ袋の開封〉

Q67
① ごみ置き場のごみ袋から焼き鳥の串が見え、今にも袋を突き破りそうです。危ないので、ごみ袋を開けて串を取り出したいのですが、問題はありますか。
② ごみを分別しないで出す人がいます。廃棄されたごみ袋を開けて誰なのか特定したいのですが、袋を開けて中を確認する行為は問題がありますか。

A ごみにはプライバシーに関する情報が含まれるため、ごみ袋を開封する行為はプライバシーを侵害する可能性があります。
① 焼き鳥の串を取り出す行為は必要性、緊急性がありますので、ごみ袋の開封は問題ないでしょう。
② ごみの持ち主を特定するためにごみ袋の開封を行うことはプライバシー侵害の可能性がありますので問題が生じます。やむを得ずごみ袋の開封を行う場合には、理事会の承認のもとで行うなど手続を踏むことが必要です。

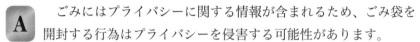
法的見解と対応策

1　前提

ごみの内容物は名前はもちろん、手紙等の私信、買い物の内容などプライバシーに関する情報がたくさん含まれます。プライバシーとは私生活及びその領域に関することを言いますが、どのようなごみを出すかは、他人に知られたくないことですので、開封することはプライバシーの侵害にあたります。(憲法13条)

このことから、ごみ袋を開封することはプライバシーの侵害に当たる可能性があることには十分に留意しなければなりません。

2　焼き鳥の串の撤去

焼き鳥の串等のようにごみ袋に危険な物が入っている場合は、撤去し

なければ管理員のみならず居住者に思わぬ怪我を負わせる可能性があります。したがってこのような危険な状況を除去する目的でごみ袋を開封する行為は、目的が正当と認められますし、緊急性もありますから、緊急避難行為として違法性がなくなると考えられます（刑法37条参照）。

3　ごみの持ち主の特定

ごみの持ち主を特定するためにごみ袋を開封することは、プライバシー侵害に直結する行為となります。

しかし、ごみを分別しなければごみ収集業者（行政）に回収してもらえず、マンションのごみ置き場にごみがたまり、当該マンションの共同の利益を害することになりますので、何らかの対応をする必要は否定できません。

したがって、ごみの持ち主を特定する必要性とプライバシー侵害について勘案し、まず居住者に分別を呼びかけ、ごみ袋の開封調査についても周知します。

ごみ袋の開封を行う場合には、理事会で手続を定め、承認を得ることはもちろん、調査者の限定、理事の立会いで行うなど、調査の主体及び範囲を限定して行う必要があるでしょう。

実務上の対応策と注意点

焼き鳥の串が手のひらに刺さって怪我をしたという管理員の労災事故は、何件か発生しています。その他にも、ごみが分別されていないことが原因の事故が発生しています。

「マンション標準管理委託契約書　別表第3　清掃業務」でもごみ集積所の清掃については、ごみ整理、床洗いとされており、管理会社の業務にごみ分別は含まれていません。それでも、分別しないまま搬出される方が多いのも現状です。分別がされていれば、ごみ袋を開封する必要はなくなります。ごみを搬出した後でも、管理員やごみ回収業者など多くの人の手に触れていることを忘れないようにしましょう。

第4-2　迷惑行為

〈マスコミの取材が来た場合〉

Q68 区分所有者に芸能人がいます。スキャンダルがあったらしくテレビクルーや取材記者でマンション前が騒がしく、居住者にマイクを向けるので買い物にも出られず困っているとの苦情が来ています。マスコミに取材を止めてもらうことはできますか。

A 原則として取材の中止は要請できませんが、事故が発生する危険性がある場合などには中止要請は可能です。またその芸能人に対して、取材者に対する対策を依頼することも考えられます。

法的見解と対応策

マンションの居住者には、平穏に生活する権利やプライバシーが守られる権利があります。

反対に、取材者にも取材の自由があり、取材行為そのものは違法行為ではありませんので、中止を要請することはできません。

しかしながら子供の登下校の時間帯で、事故が発生する危険性がある場合や、深夜に大きな物音を立てるなど受忍限度を超えると判断される場合は、取材者に退去を要請することもできるでしょう。

また、芸能人自身も区分所有者であり、共同の利益を守る義務を負っていますので、長時間に及ぶ取材の自粛を取材者に依頼したり、所属する芸能事務所に取材態様について仕切ってもらうなどを依頼することはできるでしょう。

なお、マンションの居住者の平穏生活権やプライバシー権の侵害の程度が重大であった場合は、各区分所有者が、取材者に対し精神的損害を被ったとして損害賠償を請求することは可能です。

実務上の対応策と注意点

　芸能人、有名人が居住者の場合にマスコミ対応が必要になる場合があります。スキャンダルなどで報道が過熱している場合、沈静化するまでの間、警備員をエントランス前に配置することを芸能事務所に依頼した事例があります。

　また、近隣住民や他の居住者の中には、取材陣の前に立ち、「私は○○さん（芸能人）が○○しているのを見た。」などの発言をしたり、居住者がマンション内にカメラクルーを入館させたりした事例もあるようです。管理組合としても取材には応じないことや、報道関係者を入館させないことなどを掲示するなどして告知しておいたほうがよいかもしれません。

　取材陣以外でも、テレビ局に近いマンションで、芸能人が人目を避けてマンション前の狭い道路を抜けて出入りするという間違った噂がSNSなどで拡散し、大勢のファンがマンションの前で待ち伏せし、弁当や菓子のゴミが散乱したというファンによる被害の事例もあります。

　こうした事例では、警備員の配置が最も効果的であるようです。また、いずれの場合も一過性の騒動として数日から数か月の間には沈静化し、もとの居住環境を取り戻しています。

〈野良猫の餌付け〉

Q69 敷地内で野良猫に餌付けをする人がいます。やめさせるにはどのようにしたらよいですか。

A その餌をもらっている野良猫によって、他の居住者がどのような影響を受けているかを見極めます。野良猫によって他の区分所有者の共同の利益を害していると認められる場合、管理組合は餌やりを止めるように求めることができます。

法的見解と対応策

　敷地内で野良猫に餌をやる行為そのものは、条例等で定めた餌付けの条件等に反していないのであれば、法令等に明らかに違反する行為とまではいえません。しかし、敷地内が野良猫の糞尿や脱毛で汚れたり、臭いや鳴き声などで、他の区分所有者の生活に支障を来し、区分所有者の共同の利益を害する状態になることもあり得ます。

　区分所有者は共同の利益に反する行為をしてはなりませんので、管理組合は、餌やりをしている区分所有者に対して、餌やりをやめるよう求めることができます（法57条、標準管理規約66条）。判例では、管理組合の禁止の求めに応じず餌やりを続けていた区分所有者に対して、餌付けの差し止め及び不法行為による損害賠償責任を認めた例もあります[1]。

　ところで、当該マンションがペット飼育を禁止していたとしても、ペット飼育禁止の規約違反のみを理由に餌やりの禁止を求めることはできません。その餌やりが共同の利益を害する状態になった場合に、上記のように管理組合から餌やりをやめるよう求めることができますので、注意が必要です。

1　東京地裁立川支判平22.5.13判時2082号74頁

実務上の対応策と注意点

　迷惑行為をやめるよう求める場合は、迷惑行為の状況を記録しておくことが必要になります。直ちに中止を請求したいところではありますが、その前に証拠を積み重ねる必要があります。

　この事例でいえば、猫の餌付けにより、具体的にどういう被害がいつ起きているのかを写真をとるなどして記録します。

- 餌やりに集まっていた猫が、ごみ置場のごみ袋を荒らしていた。
- 残った猫のえさにカラスが集まり、さらにごみが散乱していた。
- 猫が敷地内駐車場に駐車している自動車の屋根やボンネット、バイクに上がることによって、自動車等に傷が付くなどの被害が生じた。
- 猫がバルコニーの手摺をつたい、バルコニーに干している布団や洗濯物に足跡をつける汚損被害があった。
- 飼育が認められている小鳥を籠にいれてバルコニーに吊るしていたところ、猫が襲いかかる被害があった。
- 猫の糞尿が敷地内に残存し、臭いが発生している。
- 登下校中の子供が怖がることから、通学路を変更せざるを得ないとして保護者から対応を求められた。
- ○月には○匹を確認していたが、○月には○匹に増加している。

　これらの記録をもとに、区分所有者の共同の利益に反する行為をしているとして中止を求めるようにしましょう。

　迷惑行為のケースでは、口頭で注意をしてもなかなか解決しなかった問題も、居住者が写真をとったり、記録をとったりし始めると、あたかも訴訟の準備をはじめたようにも見えることから、当該行為をする人の態度が急に軟化することもあります。

〈駐車違反に対する罰金請求〉

Q70 マンション駐車場の車路に駐車する車両があるため、「迷惑駐車をした場合は罰金1万円を申し受けます」との掲示を考えています。実際に違反者に対して罰金を請求できますか。

A 駐車違反に対する罰金は、管理規約に規定するか、総会で決議をすれば掲示できますし、違反の条件が明確であれば罰金の請求も可能です。しかし駐車違反の証明が事実上困難であるため、実際の請求はできない可能性が高いと思われます。

法的見解と対応策

罰金という名目ではありますが、私人は他人に対して罰を与えることはできません。罰金の法的性質は、違法駐車による損害賠償額をあらかじめ定めておくことですから、管理規約や総会決議で定めることが可能です。罰金規定には、どこに、どのくらいの時間駐車した場合に該当するかを明確にしておく必要があります。

ところで、罰金を請求する場合、迷惑駐車をした人を特定し、迷惑駐車をした事実を証明するため、管理者等が時間を記録しておく必要があります。しかし、管理者等がこれらを随時記録しておくのは困難なので、実際の請求は困難でしょう。

実務上の対応策と注意点

あくまでも抑止力としての掲示であって、実際の請求は現実的ではありません。しかし、理事会は請求が困難であることを理解していても、請求をすべきだ、という意見が他の区分所有者から出ることも考えられます。その都度説明することも難しいため、迷惑駐車防止は、他の方法を考えた方がよいでしょう。

バリカーの設置などの物理的抑止のほか、路面の駐車禁止の表示、空き駐車場を来客用駐車場に転用、時間貸し駐車場の地図を用意しておくなどの方法があります。

第4-3 ペット

〈ペット飼育可能への管理規約変更〉

Q71 現在の管理規約はペット飼育禁止となっていますが、ペットの飼育を可能にする管理規約に変更したいと思います。どのような内容にしたらよいですか。

法的見解と対応策

　区分所有法は、建物の使用に関する区分所有者相互間の事項は規約で定めることができる（法30条1項）と規定していますので、ペットの飼育に関する事項も規約で定めることができます。また、ペットの飼育禁止に関する判例ですが、ペットの飼育は区分所有者の共同の利益に関する事項としています[1]。したがってペットの飼育を可能にするように管理規約を変更することもまた可能といえます（特別決議）。

　ペットのアレルギーがあるなど、ペットの飼育が特定の区分所有者に特別の影響を及ぼす場合は、総会で十分な議論を尽くしましょう。

　なお、全てのペットを飼育可能にするのではなく、一部の動物の飼育を可能にする規約の場合には、飼育可能な動物の要件をできる限り明確にする必要があります。

実務上の対応策と注意点

　ペットの飼育を可能とする管理規約例は標準管理規約コメント第19条関係に記載があります。さらに詳細に規定したい場合の使用細則例はWeb付録No.1を参考にしてください。

1　東京高判平6.8.4判時159号71頁、判タ855号301頁

〈ペット飼育禁止の違反行為〉

Q72 管理規約ではペットの飼育を禁止していますが、規約に反して飼育している人がいます。どのように対応したらよいですか。

A まず管理規約に基づき、飼育の取りやめをお願いし、次に裁判で飼育の差止めを請求します。飼育を止めてもらうために、部屋に立ち入ることはできません。また、現在飼育している動物をどうするかは、区分所有者ときちんと話し合う必要があります。

 法的見解と対応策

ペットの飼育は、建物の使用に関する区分所有者相互間の事項として、規約で定めることができますので、ペットの飼育を禁止することもできます（法30条1項）。

規約に違反して飼育している場合、まず、管理組合から当該区分所有者に飼育の取りやめをお願いします（法57条1項）。それでも、飼育している場合は、裁判所に訴えを起こして、飼育の差止めを請求することになりますが、そのためには管理組合総会の議決が必要です（法57条2項）。

裁判所で飼育の差止めが認められた場合であっても、その区分所有者の専有部分に立ち入ることはできませんので、飼育の禁止を間接的に強制することになります。すなわち、飼育を禁止するまで1日あたりいくらかの金額を支払わせることで、飼育の取りやめを強制します。

ところで、ペットは生き物ですので、やみくもにペットの飼育を禁止して、動物愛護の精神に反してもいけません。実務で説明しているように、現在飼育しているペットに限り飼育を認めたり、ペットを手放すための猶予期間を与えたりするなどの配慮が必要です。

 実務上の対応策と注意点

解決策として禁止と許可の折衷案である「一代限り飼育可」とする方法もあります。

この場合に注意すべきことは、規約はペットは禁止であることに変更はないということです。管理組合の総意として、飼育可能には変更したくないが、今、飼育しているペットを処分することまではしなくてもよいのではないか、という場合に、その飼育中のペットが生きている間に限り、飼育を認めようというものです。

認める場合には、次のことも同時に確認しておきます。

① 他の区分所有者があたらしく飼育することは認められないこと。

これ以上ペットが増えないように、誰もが一代限りであれば飼育してもよいわけではなく、あくまでも現在飼育中のペットに限定します。

② 飼育中の動物を特定すること。

飼育者から管理組合に対して、正面、横など複数の方向から撮影した写真を提出していただくようにします。死亡した後に同種類のペットの飼育を開始し、従前のペットがそのまま生きているとされないよう特定します。

③ ペット飼育可能な管理規約を参考に必要な措置を講じます。

例えば、犬や猫の場合は、抱きかかえてエレベーターに乗ること、予防接種を義務付けることなど飼育に必要な規定を設けます。

④ すべての飼育が終了したことの確認を行います。

一代限り認められたペットが全頭死亡した場合には、区分所有者に対して終了のお知らせをします。これ以降は、ペット飼育禁止の規約がそのまま存続することになります。

約15年くらい前から新築分譲マンションでは、ペット飼育可能な規約として販売されることが多くなりました。最近のマンションはほとんど飼育可能な規約となっています。ペットクラブを作り、ペットを飼育する方のマナーの向上に努め、ペットの嫌いな方、好きな方が共存するマンションも増えています。こうした成功事例も参考に検討するとよいでしょう。

〈ペット飼育禁止規約の罰金規定〉

> **Q73** 当マンションでは管理規約でペット飼育を禁止しています。ペットを飼育したら罰金を課すことにした場合、その効果は見込めますか。

 規約に違反した区分所有者に対して、管理規約で罰金を課すことは可能ですが、罰金の金額が高額である場合は、罰金規定が無効とされることがあります。しかしながら、ペット飼育禁止に反した飼育者に対する罰金規定について、抑止力としての効果は疑問です。

法的見解と対応策

1 罰金規定

区分所有者は、建物使用に関する合意事項として管理規約を設けることができます。罰金に関する規定も設けることはできますが、罰金を課す要件は明確でなければなりません。後から紛争になる危険性があるからです。

ところで、管理組合に限らず、私人は他人に対して罰を課すことはできません。したがって罰金という名目ですが、法的性質としては損害賠償額の予約と解されます。ペットの飼育による損害の内容を考慮すると、罰金額は高くはならないでしょう。

また実際に罰金が支払われた場合に、管理組合がどのように使用するかを決めておくことも必要です。区分所有者で分配することは収益事業となり、税金が課される可能性があります。

2 本件の罰金制度

本件でペット飼育が発覚した場合に罰金を課することは、罰金による抑止力（罰金を取られるのでペットを飼育しないようにさせること）を期待しているように思われます。しかし罰金を支払ったからペットを飼育できるというものでもありませんから、そもそも規約に違反している居住

者に対する抑止力としての効果は疑問です。抑止力を期待して高額な罰金規定を定めても、規約の違反に関する損害賠償額と比較して高額な場合は、罰金規定そのものが無効となることもあります。

 実務上の対応策と注意点

　本来の目的はペットを飼育させないことにあります。規約に違反している方に罰金を科すような規定を追加したところでペットの飼育を止めるとは思えません。反対にお金を支払えば飼ってもよいのか、という本末転倒な議論になりかねません。また、請求したところで、支払ってくれるとも考えにくく、目的達成のための有効な手段とは言えないように思います。

　また、飼育しているのか、いないのかを誰がどのように確認するのか、目撃の都度請求するのか等、運用も難しいものと考えます。「たまたま親戚のペットを預かっているだけ」などの言い訳にも対抗することは難しいでしょう。

　ペット飼育禁止の規約違反として訴訟を提起するのか、折衷案として一代限り飼育を認める（**Q72**参照）など、他の方法を考えるほうが解決の早道だと思われます。

〈ペット飼育禁止規約の不徹底による管理組合の責任〉

Q74 当マンションではペット飼育禁止規約が定められていますが、これまで理事会ではペット禁止を強く注意していませんでした。この状態でペットによる嚙みつき等の傷害事故が起きた場合、管理組合が責任を負うことになりますか。

A 管理組合には、管理規約の徹底義務がありますので、ペット飼育禁止を注意する義務があります。これまでペット飼育の禁止を注意しなかったことが義務違反となる場合には、被害者に対する損害賠償責任を負います。

法的見解と対応策

ペットが嚙みついて人にけがを負わせた場合、まず飼い主が損害賠償責任を負います（民法718条1項）。

管理規約違反は区分所有者の共同の利益に反する行為ですので（法6条1項）、管理組合は違反者に対して、規約を守るよう要請しなければなりません。要請にもかかわらず、違反する人に対しては、管理組合は規約の徹底義務などの対抗措置（法57～60条）を講じます。

よって、管理組合は、ペット飼育禁止規定に反してペットを飼っている区分所有者に対して、ペット飼育禁止規定を徹底する義務を負います。

管理規約の徹底義務違反になるか否かは、相手の対応等及び理事会の開催頻度などを考慮して、注意の頻度、期間などが合理的であるか否かで判断されることになりますが、全く注意をしていなかった場合は明らかに義務違反となるでしょう。

また、ペット飼育禁止規定は、ペットによる嚙み付き事故の危険性も理由として定められていますから、事故が発生した場合、管理組合は事故が発生することを予見できたと認定され、管理組合がペット禁止規定を徹底しなかったことと事故との因果関係が認められることになります。

管理組合に責任が認められる場合、ペット飼育者の責任と不真正連帯

債務の関係になります。噛みつかれた被害者は、管理組合又はペット飼育者、あるいは両方に損害を請求することができます。管理組合が損害賠償金を支払った場合は、ペット飼育者に対して求償することも可能です。

なお、本問と異なり、管理規約でペット飼育が可能でも、ペット飼育の使用細則に違反していた場合は、同様に、管理組合の責任が問われます。

 実務上の対応策と注意点

理事長や理事会が責任を問われるからといっても、同じマンションに住む方を直接訪問し、対面で注意することは、しにくいものです。

そこで次のような手順で、規約違反であること、他の方が迷惑をしていることを段階的に認識していただくようにします。

① アンケートを全居住者に配布します。
　・近隣住戸又は、飼育している方に自ら申告していただく方法で、該当住戸と住戸数を把握します。
　・例えば、鳴き声がうるさくて困っている、アレルギーを持つ子供がいて窓が開けられないなど具体的に記載してもらい、迷惑を受けている方の程度を把握します。
② アンケート結果を告知します。
　アンケート結果と一緒に、ペットは禁止であることの掲示をしたりお知らせ文を投函することにより、規約違反者に対して違反の自覚を促します。なお、掲示や全戸に配布する文書には、該当住戸を特定しないほうがよいでしょう。
③ 飼育を特定できた住戸に対し、個別に注意文や要望書を理事会や理事長名で投函します。
　ここまで実施すれば、管理組合の問題として理事長や理事会が行動していることは全区分所有者に認識いただけると思います。以降の対応は、**第4-3 Q72**（P.152）ペット飼育禁止の違反行為を参照してください。

〈ペット飼育禁止マンションでのペットの持ち込み〉

Q75 ペット飼育禁止のマンションで、ある区分所有者の親族が犬を連れて来訪しています。飼っているわけではないが、ペット飼育禁止規約では「持ち込み」も禁止しているとされるのでしょうか。

A ペットの持ち込みによって、飼育と同様の問題が発生する場合には、ペット飼育禁止規約によってペットの持ち込みも禁止することができます。

この場合は持ち込みの態様を確認する必要があります。

法的見解と対応策

1 ペット飼育禁止規定

マンション内における動物の飼育は、一般に騒音、異臭、病気感染、事故、アレルギー、生理的嫌悪等、他の区分所有者に様々な問題を生じさせる恐れがあります。

動物の飼育は建物の使用に関する区分所有者相互間の事項（法30条1項）にあたりますので、管理規約により禁止することができます。

2 ペットの持ち込み

管理規約で飼育禁止を定めた場合でも、すべてのペットをマンション内に持ち込むことが禁じられていると考えるのは困難です。そこで、ペットの持ち込みによって、飼育と同様の問題が発生するか否かで判断することになります。そのための持ち込みの頻度、持ち込まれる時間、マンション内の行動などの確認が必要です。

頻繁に、長時間マンション内に滞在していたり、鳴き声などを発して、住民の迷惑になっている場合には、持ち込み者の訪問先である区分所有者に対して、ペットの持ち込みを止めるよう要請します。

実務上の対応策と注意点

　ペット禁止の規約をもつマンションで、規約に違反してペットを飼育している居住者が「一時的に親戚の犬を預かっているだけ、飼っているわけではない。」とか、「親族が近所に住んでいて、日中、部屋に来るときに連れてきたものを見られただけ。夜はいない。」というような言い訳として「持ち込み」を使うケースもあります。

　飼育しているのか、持ち込みなのかの判別をするのは、居住者の協力が必要です。目撃した日時、場所を記録したり、鳴き声を聞いた日時を記録しておくには、居住者にかなりの負担がかかります。

　こうした飼育可・不可の境界線にあるようなケースは、「持ち込みも不可」「飼育可能なペットと同様の範囲で持ち込み可」とするなどどちらの側にするのかもあらかじめ管理規約等で決めておきましょう。

第4-4 事件・事故

〈マンション内の事件・事故の有無への回答義務〉

Q76
① 管理組合に対して不動産仲介会社から「このマンションで自殺や事件があったか」を聞かれています。回答する必要はありますか。
② 最近引っ越ししてきた区分所有者から①を聞かれた場合はどうですか。

A ① 不動産仲介会社に対して、管理組合には回答する義務はありません。回答する場合は、回答の対象は共有部分で発生した事件・事故に限り、回答する旨及びその内容を総会で決定します。
② 区分所有者からの質問には知り得る範囲で共用部分で発生した事件・事故に限って回答する義務があります。

法的見解と対応策

　自殺や事件は心理的瑕疵といって、建物の瑕疵（欠陥や不具合）とされます。売買後、隠れたる瑕疵が判明した場合、売主は瑕疵担保責任を負担することになり、契約の解除や損害賠償を支払う義務を負うことがあります。

　したがって売買の売主は、瑕疵に関する情報を買主に対して開示する必要があります。

　しかしこれは売買当事者における売主の義務であるので、売主となる区分所有者が回答すれば足り、管理組合が回答する義務に直ちに結びつくものではありません。また、管理組合が区分所有者の意思を確認せずに回答することもできません。

　そこで、管理組合は、区分所有者以外の第三者に対して回答する場合は、総会で回答するか否か、回答する場合の回答内容について区分所有者の意思を確認する必要があります。

なお、管理組合が回答できるのは共用部分に関する事件・事故に限られ、専有部分で発生した事件・事故については回答できません。

区分所有者からの質問の場合は、共用部分を管理する立場の管理組合としては、知り得る範囲で回答しなければなりません。回答の対象が共用部分の事故・事件に限られることは前述と同様です。

実務上の対応策と注意点

1 まず、不動産仲介会社が尋ねているのが専有部分か共用部分かを分けて考えます。専有部分で起きた事件、事故は、居住者同士の噂話などで個人的に知っていたとしても、管理組合は正式に知る立場にありません。つまり、管理組合は回答する義務はありません。

それでも、管理組合として、事件、事故の照会に回答する、としているケースもあります。

① 数年前に事件が発生し、ワイドショーなどで外観等がテレビ報道されたが、報道の一部に事実と異なる点があるので、むしろ管理組合から積極的に正確な事実を伝えたい、として回答するとしたケース。

② 「中古マンションの流通市場における情報開示は遅れている。リスク情報、マイナス情報を含めて開示することが健全な市場を形成する。」との考えをお持ちのケース。

こうした例を除き、事件事故の情報については、開示しない対応をしている管理組合が多いようです。

管理組合として、共用部分で発生した事件、事故を開示するか、しないか、するとしたらどこまでの範囲なのかはあらかじめ決めておくとよいでしょう。

2 なお、マンション標準管理委託契約書では、管理会社は宅建業者から重要事項にかかる調査をうけた場合に、管理組合に代わってこれを報告することとしていますが、管理会社は管理組合が開示するとした範囲内でのみ報告することとなり、その範囲を超えることはありません。

〈自殺者による自転車置き場の破損〉

Q77 マンションの屋上から投身自殺があり、自転車置き場の屋根が壊れました。どのように対応すればよいですか。

A 警察と連携をとり、被害届を提出するとともに、自殺者及びその遺族の連絡先を確認します。自転車置き場の屋根の修理費は、自殺者の相続人に損害賠償請求できますが、相続人が不明の場合には火災保険金で対応します。

法的見解と対応策

自転車置き場（共用物）の屋根は、自殺者の不法行為によって破壊されたものですから、管理組合は自殺者に対して修理費を損害賠償請求できます。自殺者が死亡している場合は、その相続人に対して請求します。

警察には、必要に応じて、器物損壊の被害届を提出します。損害賠償請求先となる自殺者及び遺族の連絡先は、警察に確認します。このような事故が発生した場合は、種々の噂話が出ることがありますが、損害賠償請求をする場合には、明確に賠償義務者を確認する必要がありますので、警察に聞くのが最善です。

損害賠償に応じてもらえない場合や自殺者・相続人が不明である場合、通常はマンションにかけられている火災保険の保険金で修理することになります。なお、マンションの火災保険は落下物による破損等火災以外の事故も対象としていますので、事故の都度確認してみてください。

売買時における売主の説明責任については**Q76**を参照してください。

実務上の対応策と注意点

投身自殺は、居住者がバルコニーや屋上から落下するよりも、外部の第三者がマンション内に入り、屋上に上り落下する、というケースが多いようです。見知らぬ人がマンション内に入ってきたら声をかけるなど日常の居住者同士の挨拶やコミュニケーションが大切です。

〈マンション共用部分における事故〉

 マンションの公開空地に設置している遊具で近所の子供が怪我をしました。どのように対応すればよいですか。

A 事故の原因が遊具の保存、設置の瑕疵である場合には、マンション管理組合が損害賠償責任を負う可能性がありますので、事故の原因を明確にする必要があります。

 法的見解と対応策

公開空地はマンションの敷地であり、公開空地に設置されている遊具は区分所有者の共用部分であり、管理組合が管理するものです。

ところで、遊具は土地に設置されているものですので、土地工作物の設置又は保存に瑕疵があることによって他人に損害を生じたときは、その物の所有者が損害賠償責任を負います（民法717条1項）。

したがって事故の原因が遊具の設置、保存の瑕疵である場合は管理組合が損害賠償責任を負うことになります。責任の所在を明らかにする必要もありますし、また子供の過失を検討しなければならないケースもありますので、事故の状況は把握しておかなければなりません。そこで、子供と保護者から事故状況の話を聞いたり、遊具の損傷原因を専門業者に確認したりして、事故状況を明確にしておきます。

事故の原因が遊具の保存や設置の瑕疵であり、管理組合が損害賠償責任を負う場合には、マンションが加入している損害賠償責任保険で対応可能です。

損害賠償の対象となるのは、治療費、医療機関への通院交通費、慰謝料等です。

 実務上の対応策と注意点

金銭的な他人への損害は、損害賠償責任保険で対応することができますが、損害によって人間関係に亀裂が生じた場合の関係修復は、精神的にもかなり

の負担がかかります。

　マンションの敷地内で発生した事故については、管理組合としても保護者の方に誠意を持って対応することが必要です。金銭的な解決をしても「気持ちのしこり」が残らないよう心がけましょう。

　なお、公開空地は、一見すると行政の管轄する公園と似ている場合もあり、管理組合活動に関心のない方の中には、管理組合が管理する場所ではないと認識されている場合があります。管理組合の問題として公開空地の管理を理事会や総会の場で話し合ってもよいでしょう。

　また、遊具はマンション内にある設備等と異なり、点検などの義務もないことから、長期にわたり、放置されているケースもあります。最近は特に大型の遊具（ジャングルジム、ブランコ）において危険とされ公共の公園から姿を消しているものもあります。近所の公共の公園でその姿を見なくなった遊具があれば、危険性の有無を確認した上で、その撤去も含めて検討したほうがよいでしょう。

〈マンションイベントにおける事故〉

Q79 マンションで運動会を開催し、「綱引き」で子供が転倒し肋骨を折る怪我をしてしまいました。「責任をとってほしい」と保護者から申出がありました。どうしたらいいですか。

A 主催者である管理組合が損害賠償責任を負うかどうか判断するために、事故状況を明確にする必要があります。管理組合が損害賠償責任を負うことを想定して、イベント用の損害保険に加入するなどの準備をします。

 法的見解と対応策

マンションのイベントの主催者は管理組合となりますので、イベントに関するトラブルは管理組合が責任を負うことがあります。本件の事故も、管理組合の不注意が原因となって発生した場合には、管理組合が不法行為による損害賠償責任を負います。

損害賠償責任を負うか否かを判断するために、まずは事故状況について聞き取ります。管理組合が損害賠償責任を負う場合は、治療費等の損害を賠償しなければなりません。

損害賠償責任をカバーするためのイベント用の損害保険に加入し、保険から損害賠償金を支払えるように準備しておきましょう。

 実務上の対応策と注意点

マンションのイベントは、学校行事とは異なり、予行演習など事前の準備が充分にできません。イベントの開催前には、理事のほか、有志を募り、誘導係、連絡係、救護係などの役割分担を決めるなど事故防止に努めることが大切です。毎年恒例の行事となっている場合は、注意事項などをまとめたマニュアルを作成しておくとよいでしょう。

なお、夏祭りなどで火気を使用する場合は、事前に消防署に届け出ることが必要な場合もあります。

〈竣工検査における事故〉

Q80 大規模修繕工事の竣工検査のため理事全員で屋上にあがりました。理事の1名が落下し、けがをしました。管理組合の責任はありますか。

A 事故原因を明確にして、事故が誰の過失で発生したかを判断する必要があります。通常、管理組合の責任は考えにくいところですが、責任の有無にかかわらず、管理組合は事故に備え、竣工検査を対象とする損害保険に加入しておいた方がよいでしょう。

 法的見解と対応策

工事業者は竣工検査の際、検査者の身の安全に配慮する義務があり、その義務が果たされていない場合は工事業者が責任を負うことになります。管理組合の責任の有無も同様に検討することになりますが、通常の検査であれば責任を問われることは想定しがたいと思われます。

なお、管理組合と理事との間に労働契約などはありませんので、管理組合が当然に責任を負うことはありません。

しかし責任の有無に関わらず、管理組合が竣工検査を対象とする損害保険に加入していると当座の見舞金を支出することができます。

 実務上の対応策と注意点

理事は、無報酬もしくは低額の報酬でいわばボランティアで活動しています。

理事活動中の怪我等に対しては、管理組合に責任がなくとも、お見舞金程度は支払いたい、ということもあるでしょう。損害保険には例にあるような保険のほか、様々なものがありますので、検討してみましょう。

第4-5 外国人

〈バルコニーからのにおい〉

Q81 外国からきた住人がバルコニーで、においの強い民族料理を作ります。やめてもらいたいのですが、どうしたらよいですか。

A そのにおいが発生する頻度やにおいの強さを調査し、受忍限度を超えているかどうかを見極めます。受忍限度を超えていると判断される場合は、バルコニーでの調理を控えるよう申し入れます。料理には民族の文化が色濃く反映されますので、お互いの文化に対する理解が欠かせません。

 法的見解と対応策

1 バルコニーの法的性質

各住戸のバルコニーが専有部分か共用部分になるかは、各マンションの管理規約で定められます。標準管理規約では別表第2においてバルコニーは共用部分と定められています。

バルコニーが共用部分であるとしても、当該区分所有者には専用使用権が認められますので（標準管理規約別表第4）、区分所有者が専用で使用することができます。原則として、他人が使用方法を制限できませんので、バルコニーにおける調理は禁止できません。

2 受忍限度

居住者が発生させる音やにおいなどは、生活に伴って発生するものですし、マンションは共同住宅であり、住民が近接して居住していますから、社会通念上、がまんできる範囲であれば違法性はないとされています（受忍限度論）。

調理によるにおいの受忍限度は、発生するにおいの強さや頻度によって異なります。そこで、においの発生の強さや頻度などを調査して受忍

限度を超えているかどうかを確認する必要があります。

マンション住民は、建物の使用に関し区分所有者の共同の利益に反する行為をしてはいけません（法6条1項）。そこで、調理によるにおいが受忍限度を超えている場合は、まず管理組合が居住者に対して調理を控えるように申し入れます。申し入れにも関らず調理をやめない場合には、差し止め等の法的手段を検討することになります。

 実務上の対応策と注意点

民族料理を作っている時のにおいは、当該住人はにおいが強いとは意識していない場合があります。世界には様々な文化があり、それらをお互いに理解しあうことが必要です。

外国人居住者とのトラブルはこうした生活臭のほか、ゴミの出し方がルール違反であったり、大声で騒ぐなど生活音にまつわるものがほとんどです。

たいていの場合、それらのルールを知らないことが原因となっています。きちんと説明すれば理解していただけます。それには、外国語による掲示や説明書が必要ですが、外国語が堪能な居住者がいない限り、なかなか難しい問題となっています。ゴミの出し方については、各行政が多言語版のチラシを用意していることもあります。また、インターネットなどで検索すると、外国語翻訳を申し込みできる会社もあります。なお、過度な反応は、人種差別や民族差別につながる可能性もありますので注意が必要です。

〈外国人住民にルールを理解してもらうには〉

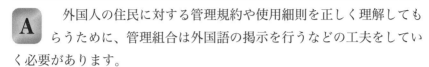

Q82 外国から来た住民で、ごみの分別やディスポーザーの使用のルールを守らない人がいます。どうしたらよいですか。

A 外国人の住民に対する管理規約や使用細則を正しく理解してもらうために、管理組合は外国語の掲示を行うなどの工夫をしていく必要があります。

 法的見解と対応策

区分所有者は、規約を遵守しなければならず、また、賃貸借している場合は、賃借人に遵守させなければなりません（標準管理規約3条）。

外国人は出身国の生活習慣の違いや、人によっては言葉が不自由であるため、ルールや規約を理解できないことが多くあります。

実務であげているホームページを参考に外国語で掲示をしたり、違反を見つけたら根気強く注意をするなどで、理解を図っていくことになります。

なお、ごみの分別については、地方自治体のホームページに外国語のチラシが用意してあることがありますので、確認してみてください。

 実務上の対応策と注意点

日本人が外国に旅行した場合に、現地で不思議な日本語に出会うことがあります。日本語としては不適切でも、意味が通じれば用は足りています。

掲示文などの簡単な文章は、外国語による表現において多少のニュアンスの違いがあっても意味が通じれば許容範囲に含まれると考えられます。過度に恐れることなく、辞書やインターネットの翻訳機能を利用して外国語で掲示してみても構わないでしょう。また、言語の補助としてイラストなども挿入してみましょう。

ただし、契約行為など、トラブルとなった場合にその異なるニュアンスが問題となる場合には、文末に「日本語を優先するものとします。」などの注釈

をつけておくことをお勧めします。

〈参考〉

① 外国語によりマンションのルールを記載した資料
「マンション暮らしBOOK（英語版）」
一般社団法人マンション管理業協会（平成28年9月発行）
※上記協会のホームページから購入できます。

② 「管理規約」（日本語版、簡体中文版、繁体中文版）
国土交通省ホームページ
　平成25・26・27年度マンション管理適正化・再生推進事業の事例紹介、「自主管理ながら担い手不足に直面していた、外国人所有者が多いマンションにおいて、外部専門家を役員として登用し、管理の適正化に取り組んだ事例」
※ホームページ上からダウンロードすることができます。
　http://www.mlit.go.jp/common/001129288.pdf

③ 「管理規約」（英語版）
　公益財団法人マンション管理センターホームページからダウンロードできます。
　http://www.mankan.or.jp/09_research/pdf/kiyaku_E.pdf

④ お知らせ文例（日本語・英語・中国語）Web付録2〜7

〈外国人区分所有者の相続〉

 外国人区分所有者が死亡した場合、これまで滞納されていた管理費は他の日本人区分所有者と同様に、本人の相続人に対して請求できますか。

 相続法制は国によって異なるため、相続人が滞納管理費の支払債務を承継するかは調査をする必要があります。

法的見解と対応策

相続法制は、国によって異なりますが、一般的に包括承継主義と管理清算主義が取られています。包括承継主義では、概ね日本と同様、相続人が財産も債務も承継しますので、相続人に対して滞納管理費を請求できます。ただし、請求額が滞納管理費全額か、相続分で分割されるかは、その国の相続法制によりますので、調査が必要です。

管理清算主義とは、遺産がいったん遺産管理人に帰属し、財産がある場合に相続人に相続され、債務は相続されません。したがって滞納管理費は遺産管理人において清算されることになると思われます。

相続法制がどちらであっても、売却等で区分所有権が承継されれば、管理組合は特定承継人に対して滞納管理費を請求することができます（法8条）。

実務上の対応策と注意点

外国人が日本のマンションを所有し、日本に居住しない場合は、外国人の依頼した賃貸不動産会社が管理組合の窓口となることが多いようです。しかし、外国人が死亡し、相続人が賃貸不動産会社との契約を終了してしまうと、管理組合はその窓口を失うことになります。

管理組合が外国に居住している相続人を特定し、管理費の請求をしていくことは言語や法律の壁があり、現実的には困難なことが多いようです。

〈代理人による委任状の有効性〉

 日本に居住していない外国人区分所有者の総会の委任状に日本の賃貸不動産会社が記名押印をして返送してきています。この委任状は有効ですか。

 委任状は本人の意思表示を受任者に委ねるものですから、区分所有者本人が作成したものでなければ無効です。

法的見解と対応策

管理組合総会は組合員（区分所有者）で組織されます（標準管理規約42条1項）。総会は区分所有者の意思決定の場ですから、委任状は組合員本人が作成することが必要です。

総会では、規約改正などマンションの共同の利益に関する事項や、建替えなど住民の将来に関する重要事項を協議、議決しますので、区分所有者以外の者の意思が入るのは好ましくありません。

したがって賃貸不動産会社の記名押印のある委任状は無効です。

なお、区分所有者が賃貸不動産会社に包括的に委任し、当該会社を代理人として選任していると解する余地もありますが、標準管理規約は代理人の資格を組合員の同居人等に限定していますので（標準管理規約46条5項）、管理規約に抵触しないかを確認しなければなりません。

本ケースのように賃貸不動産会社が直接議決権を行使せず、委任状を提出した場合、本人にとっては委任状の受任者は復代理人となりますが、代理人による復代理人の選任は本人の許諾を得ないとできません（民法104条）。代理人である賃貸不動産会社が委任状を提出してきた場合は、本人の許諾がある旨の本人の委任状も合わせて提出してもらい、有効性を確認する必要があるでしょう。

実務上の対応策と注意点

外国人投資家が日本のマンションを所有する場合、賃貸不動産会社が賃借

人の募集、賃料の回収、固定資産税等の納税代行などのほか、管理費等の支払いや総会の委任状送付などすべてを代行し、外国人投資家から手数料を受領するケースが多くなっています。こうしたケースでは、管理組合とのやりとりは本人ではなく、賃貸不動産会社が間に入ることになります。本人との間の言葉の壁はなくなりますが、ややもすると**Q**にあるような委任状など本人が作成すべき書類まで賃貸不動産会社から提出された事例もありますので注意が必要です。

　対応策にあるように、本人から賃貸不動産会社に包括的な委任状を提出してもらう、総会の都度、本人からの委任状の提出をお願いする、又は管理組合から直接本人あてFAXを送付するようにしましょう。

　区分所有者のうち、外国人投資家の占める割合が少数のうちは、委任状や議決権行使書の提出がなくとも総会が成立し決議することが可能ですが、半数を超えると総会の開催そのものができないことになりかねません。現在は少数であっても今のうちから賃貸不動産会社及び本人と意思の確認ができるようにしておきましょう。

第5章
相手先とのトラブル

第5−1 管理会社

〈管理員を替えたい〉

Q85 住民から、管理員に不満があり替えてほしいという声が多いので、管理会社に替えてもらうにはどうしたらよいでしょうか。

A まずは、管理組合側で不満の内容や問題点を確認すべきです。個人的な好みや事情によるものではないという点や、一時的な事情によるものではない、という点を確認し、マンションの管理運営に支障をきたしているか否か、その程度についても確認します。

次に管理会社と話し合いをし、問題点を互いに確認します。管理組合側の要望が極端でない限り管理会社は対応することが多いと思われますが、適当な後任管理員の勤務がすぐ可能とは限らないことから、暫定的な対応の協議も必要になる場合があるでしょう。

管理会社が、交替に応じない場合には、管理委託契約の債務不履行に当たるという点などを指摘して交渉していくことになります。

法的見解と対応策

1 管理委託契約の規定

管理組合は、管理会社に対し管理委託契約に基づき管理業務を委託しています。管理員業務は委託業務の一部であり、その業務内容、勤務時間、休日、執務場所の他、必要な場合代行要員の派遣等の内容が契約書に定められていることが通常です。

これらの記載のとおり業務が行われていないならば、当然に債務不履行となり、管理組合に変更を要望することができます。

2 受託者としての善良なる管理者としての注意義務（善管注意義務）

契約書に具体的に記載がなくとも、管理会社及び管理員は、マンションの管理を受託した立場として、管理の専門家のレベルで通常期待され

る程度の注意義務をもって業務を履行する義務を負います。

　例えば清掃やごみ捨て、住民への対応に問題があるといったケースに対しても、専門家として通常期待される程度の注意をしていたのかどうかが問題になります。この点の判断は、管理組合や住民側の問題の有無やマンションの個別事情も考慮したうえで判断されることになります。

　そのため、交替を申し入れる前に、管理組合側で一部の住民の個人的な問題ではないか、等も検討しておくことが必要です。

 実務的な対応策と注意点

　居住者の方から管理会社に寄せられる管理員に対するご意見に「子供たちにも親切丁寧に対応してくれる。」という場合もあれば、「管理員は子供の遊び相手ではない。他の業務を優先させてほしい。」という場合もあります。同じ対応をしていても住民の評価は様々な場合がある例です。こうした場合には、管理会社はまずは実情を把握し、多数意見に従うのが原則ながら少数のご意見も尊重しつつ、社会通念に沿った対応するべきといえます。

　例の場合、子供と接している時間が長いという意見が多いようであれば、まず本人に対して注意することになるでしょう。

　また、反対に、子供と遊んでいるという評価が特定の方からのみであれば、理事会に対して管理会社から対応を相談することになるでしょう。

　また、管理組合財産の毀損（横領など）や犯罪行為などの場合は、会社として懲戒処分の対象になり、当然に交替することになります。

〈管理会社を替えたい〉

業務内容に満足がいかないことや管理費が高いことなどから、管理会社を替えたいという意見が住民から上がっています。どうしたらよいでしょうか。

① 総会の普通決議により変更することができます。
② 検討すべき重要な事項が多いので、実務的な対応を参照ください。

法的見解と対応策

1 解　約

標準管理委託契約の場合は、3か月前までに書面により現在の管理会社に通知することで期間内に解約をすることができます（19条）。

また現在の契約の期間満了時の3か月前までに、管理会社から更新をする旨の申入れを受けた場合にも、両者の協議が整わない場合は、満了により終了することとなります。協議が整う見込みがないときは、管理会社がない状態にすることは実務上難しいので、期間を定めた暫定契約の締結をすることができることになっています（21条）。

2 決　議

管理会社との契約は総会の普通決議事項（標準管理規約48条14号）ですので、総会で現在の管理会社との契約終了及び新たな管理会社と契約を決議することになります。重要事項説明等の法定事項が必要になります。

実務的な対応策と注意点

1 管理会社の変更はどのくらいあるものか

毎年1％にあたる約5.5〜6.6万戸（全国）のマンションが管理会社を変更していると言われています。全国のマンションストック数を勘案すると、

ストック全体の1/4が変更を行ったことになります。1％は小さな数字のようにも思えますが、マンションストックは増え続けますから、管理会社にとっては重要な関心事でしょう。

2 具体的な検討に向けての作業

(1) 前提の確認作業

ア 何よりもまず現状の課題の整理が重要です。問題となっている事項、その原因と対応策の有無等を確認します。課題の中には、管理会社の変更によって解決できない内容も多くありますから、きちんと問題を整理します。

イ 現在の契約内容を確認します。管理会社を変更したほうが良いとは限らないケースもあるので、解約条件や解約することのデメリットを確認します。また管理会社を変えずとも、契約内容を見直すことで課題が解決するか否かも重要な検証事項です。

ウ 管理規約の確認も必要です。現管理会社との取決めや提携金融機関の定め等管理規約で規定されている場合は、規約の変更が必要になる場合もあるので、注意します。

またマンションの使用や運営のために必要な第三者との契約が現管理会社の名義になっていないか、なども確認しておきましょう。

エ 普通決議ではありますが、区分所有者にとって影響の大きい事項ですから、アンケートをとるなど、広く意見を聞くことが適切な選択のために必要であるとともに、合意形成をスムースに運ぶポイントともなります。アンケートも一回では済まず、検討段階によって内容が異なることも考えられます。

(2) 候補会社の選定

ア 見積もり依頼の基本事項の決定

新しい会社に見積もりを依頼する、管理の基本仕様を決定します。これが管理会社変更の主目的です。品質と価格及びマンションの特性（古いか新しいか、大規模か小規模か、事務所や店舗があるかないか）、建築的な観点を

考慮します。

　もっとも管理組合が見積もり要綱を管理会社の助けなく作ることは困難ですので、コンサルタント会社を利用する場合もあるようです。また各管理会社から提案型の見積書をもらうというやり方もあるでしょう。

イ　見積もり依頼先の候補を募ります。

　広く住民に声をかけてもよいですし、理事会や検討委員会が推薦することでもよいですが、利益相反する所有者等には配慮すべきですし、公明正大が重要なこととなります。

ウ　提案書及び見積書の受領まで

　候補会社を選定し、見積もりを依頼します。マンションの説明・案内やスケジュールなどのオリエンテーションを行います。

　管理会社同士の談合については不正競争防止法に反する違法な行為ではありますが、発注者である組合としては注意すべき点といえます。

エ　候補会社の決定

　候補会社から、見積書の提出と同時にプレゼンテーションとして住民説明会をしてもらうやり方もあります。理事会や検討委員会の意見に加え、参加者アンケート等で候補を絞ることになります。

　最終候補会社が決まったら、より詳細な要望事項を調整したり、仕様変更による再見積もりを依頼したりして最終案を確定し、総会決議に向けて提案内容を確定します。

(3) **その他**

　実務的に大変なのは、アンケートから始まり会社選定までの業務を現管理会社に委託しにくいと言う点です。決議のための総会招集、議案書の配布、総会開催等は現管理会社が行うこととなりますが、候補会社へのオリエンテーションや選定作業はマンション側が行うこととなります。

　理事会や検討委員会のような組織及びそのメンバーが中心となって、私利私欲なく、中長期にわたるこの課題を遂行していくことが求められます。

第5-2　売　主

〈駐車場が空いた場合の使用料の補てん〉

> **Q 87**　新築で分譲されて2年たったマンションの管理組合です。敷地内駐車場の利用者が、当初事業主が想定した数よりも大幅に少ないため、管理組合の収入が不足し早々に管理費及び修繕積立金の値上げが必要になる状況です。この不足金額を事業主に補てんを求めることはできるでしょうか。

A　販売時の契約や説明に特段の記載があればそれに従うことになります。そのような約束がなく、また想定していた駐車場稼働率や料金が近隣相場等から大きくかけ離れていて現実的に不可能であるというような事情がない限りは、原則として事業主に補てん等の負担を求めることは難しいでしょう。

法的見解と対応策

1　事業主の責任

　事業主は、宅地建物取引業の免許を受けた専門業者であり、適法なマンションを売り渡すこと、マンションについて重要な事項をきちんと説明し、買主が納得したうえで売り渡すことなどの義務を負います。また、引き渡し後も一定の瑕疵担保責任を負い、さらに自主的にアフターサービスを提供する約束をすることもあり、約束をした以上は法的な義務を負います。

2　管理費・積立金、駐車場使用料金等の設定に対しての責任

　通常入居後区分所有者が支払う管理費等や各種使用料等は、予め事業主が管理会社と相談して決め、それを了承する前提で区分所有者はマンションを購入します。入居時点では、管理組合や理事会は機能していませんから、事業主が通例に従って設定するしかなく、その後管理組合は変更することができる、として運用されているのです。

駐車場使用料収入は、マンションの収入の中では大きな割合を占めることが多いので、駐車場使用者が想定より大きく下回ると、収入を補うために管理費等を値上げする必要がでてきます。これに対して事業主が責任を負うかという点が本件で問題になります。

この点については、駐車場の使用料設定、使用率の想定が近隣相場や属性の似通った他のマンション等と比べても実現不可能な数字を想定していたとか、駐車場収入を高く見積もることで、管理費等を低く抑えそれをことさらに販売時にアピールしていた、などの事実が認められ事業主に管理費等設定の適切な設定に対する故意又は過失が認められる場合には、損害賠償として不足した収入の一定割合を請求することも考えられます。

しかし、通常要求される注意義務を持って事業主が設定した稼働率が異なった、というのみでは補てんを請求することは難しいと考えられます。

 実務的な対応策と注意点

1 駐車場の傾向

近年は、以前に比べ駐車場を利用する割合が下がってきているようで、駐車場に空きが出るようになったマンションが出てきています。課税上の扱いも明確にされたので、外部貸し等を検討することも管理運営上の効果的な方法となっています（本書Q63、P.133参照）。また長期に渡り機械式駐車場が空いている場合などは、そのメンテナンスコストとの対比から、機械式を撤去して平置き駐車場に変更する等の検討をする場合もあります（本書Q5、P.12参照）。

2 事業主の対応

事業主によっては、当初使用料や稼働率を仮設定したことを鑑みて、初年度に限り想定料金を下回った場合当該料金を補てんする、あるいは、管理組合会計が駐車場収入の減収により赤字になった場合のみ赤字分を補てんする、などの特約を付けている場合もあります。

重要事項説明書に記載がありますので確認してください。

〈アフターサービスの適用〉

① 住戸のガス配管が破損してしまいました。事業主に何年後まで補修してもらえるのでしょうか。
② 共用部分のクロスが剥がれてきた場合はどうでしょうか。

A ① 購入時に事業主から受け取った「アフターサービス規準書」を確認してください。そこに部位毎に無料補修期間が記載されています。

アフターサービス対応は、法律の定めによるものではないので、事業主によって異なるものですが、業界団体等が定めた基準に準じて、一般的に住戸内の建具や塗装等は2年、ガス配管の破損は5年が多いようです。

② アフターサービスは、専有部分のみでなく共用部分も対象になります。クロスの剥がれや塗装等は同じく2年のことが多いようです。

注意すべきは起算点です。専有部分は、当該住戸の引渡しを受けた日から起算します。他の区分所有者より遅く引渡を受けた場合は、そこから2年、5年と計算します。

しかし共用部分は、個々の区分所有者の引渡日にあわせることができないので、マンションが最初に使用を開始した日、つまり最初に引渡しを受けた区分所有者の、その引渡の日から起算すると定められていることが通常です。

 法的見解と対応策

1 アフターサービスと瑕疵担保責任

どちらも、事業主に補修を要請することができる根拠のため、混同しがちですが、次のような点で異なるものです。

(1) 瑕疵担保責任

民法で規定されている法定責任です。宅地建物取引業法により、売主が宅地建物取引業者で買主が業者でない場合は、売主は免れることはで

きないことになっています。ただし、責任を負う期間を引渡しから最低2年と定めることが可能です。そのため、売買契約で瑕疵担保期間を引渡から2年としていることが殆どのようです。

また、平成12年以降は、住宅品質確保法（略称）により住宅にとって特に重要な部分である構造耐力上主要な部分と雨水の浸入を防止する部分については、瑕疵担保期間を10年間とすることとなっています。

(2) **アフターサービス**

法律の規定はなく、事業主が文字通りサービスとして一定期間不具合を無料で補修することを、任意に買主に約束するものです。例えば家電を購入した時等に、1年間のアフターサービスが付いています、と説明されることがあると思いますが、考え方は同じです。

販売促進、企業責任、大量の処理に対する一律対応の必要性と効率化等から導入されているものです。

適用対象と期間、適用除外の条件等は交付された基準書を確認しましょう。共用部分と専有部分に分けて記載されていることが通常です。

 実務的な対応策と注意点

1　受付窓口としての管理会社

アフターサービスの受付窓口は、アフターサービス規準書に記載があります。事業主が直接窓口になっている場合と、管理会社が窓口になっている場合、又は、施工会社が窓口となっている場合もあります。

窓口がいずれの場合でも、アフターサービスの義務を負うのは事業主となります。

〈売主ではなく施工会社への補修請求〉

Q89 事業主の経営状態が悪いらしく、倒産のうわさもあり、補修の対応をしてくれません。代わりに施工会社に補修請求できますか。

A 建物としての基本的な安全性を損なう瑕疵であるといえる場合には、設計者、施工会社等に法的責任（特別な意思表示がない時は原則は金銭賠償）を求めることができます。

なお、アフターサービスの規定は、事業主が売買契約上の約束として一定期間内の不具合を直すことを約束したものですから、事業主の代わりに施工会社等に求めることはできません。

法的見解と対応策

1 施工会社等に対する不法行為責任の追及

区分所有者らは、事業主と売買契約をして購入しているのであって、施工会社等と直接の契約関係はありません。事業主に資力がないため倒産したような場合には、建物の補修や瑕疵担保責任を請求できません。

このような場合でも、施工会社等に対して不法行為責任として損害賠償責任を追及できるとされています。施工会社等は、建物の建築に当たり、契約関係にない居住者等に対する関係でも、当該建物に建物としての基本的安全性を損なう瑕疵があり、それにより居住者等の生命、身体又は財産が侵害された場合には、その損害について不法行為による賠償責任を負う、とされています[1]。

2 請求できる瑕疵の程度

建物としての基本的な安全性を損なう瑕疵とは、居住者の生命、身体又は財産を危険にさらすような瑕疵をいい、建物の美観や居住者の居住

---

1 最判平19.7.6民集61巻5号1769頁、判時1984号34頁、判タ1252号120頁

環境の快適さを損なうにとどまる瑕疵は該当しない、とされています[2]。

よって施工会社等に対する請求は事業主に対してできる請求と同等ではなく、瑕疵の程度が重要で危険性が高い場合に限定されるということになります。また不法行為責任の損害賠償請求の時効は、その損害を知った時から3年、不法行為の時から20年以内です。事業主との売買契約及び住宅品質確保法による瑕疵担保期間と異なることとなります。

 実務的な対応策と注意点

入居した後の定期点検やアフターサービス補修工事等を施工会社が行っている場面を見ることと思います。これは、事業主が区分所有者に対して約束している点検や補修の義務と同等の義務を、事業主が施工会社に対して約束させ、直接施工会社が区分所有者に対して対応しているのです。事業主ではなく、施工会社に資力がなくなったり倒産したりなどの事情が起きた場合にも、事業主が対応する義務は変わりませんので、異なる施工会社によって補修してもらうことになるでしょう。

---

[2] 最判平23.7.21民集237号293頁、判時2129号36頁、判タ1357号81頁

第5-3　近隣との関係

〈近隣の建築計画〉

Q90　隣接地に高層マンションの建築計画があります。工事期間中マンションの目の前の道路をトラックが頻繁に通過するようですし、日当たりが悪くなる住戸もあります。

　隣地の事業主から管理組合と補償交渉をしたいと申入れがありました。この交渉を受けてもよいでしょうか、また補償金を管理組合で受領してよいですか。

A　管理組合が交渉をできるのは、原則は共用部分や全体の利益にかかわる内容に関してとなります。区分所有者は、管理組合や理事会に委任して自己の専有部分に関する事項も、まとめて交渉してもらうことも可能ですし、別途自分で交渉をすることも可能です。

　補償金についても、管理組合が受領することができるのは共用部分や全体の利益にかかわるものに対してであり、個々の住戸に対する補償金は各区分所有者が受領するのが原則です。

 法的見解と対応策

1　近隣の建設に伴う様々な補償内容の例

(1)　工事や振動によるマンションの損傷等に対して

　所有権に基づき補修を請求できます。共用部分に対しては組合が、専有部分については各区分所有者が請求します。もっとも区分所有者らと管理組合が一括して請求することも可能です。

(2)　工事騒音、振動、ほこり等に対する精神的苦痛に対する補償

　マンション自体の損傷ではなくとも、日常生活に支障をきたすようなこれらの工事に伴う事象は、住民の安静に暮らす権利（人格権）に基づき、慰謝料として補償を求めることができる場合があります。ただし、その侵害の程度が、通常の社会生活において受忍限度を超える程度、である

場合に限るというのが判例の考え方です。

住民の権利侵害に対しての補償ですから、各区分所有者が各々請求できることが原則ですが、同時に同じような侵害であることから、管理組合がまとめてあるいは代表して請求することも可能です。

(3) **日照阻害、眺望阻害**

これらも、各区分所有者の住民の快適に暮らす権利（人格権）に基づき、受忍限度を超える場合に補償を求められる場合があります。

一般に、住戸の位置等によって阻害の程度が異なるため、この交渉については、個々の区分所有者が行うことが多いようです。もちろん、区分所有者の意向によって管理組合がまとめて交渉することもできます。

(4) **補償金の受け取り**

補修の代わりに補償金が支払われる場合は共用部分については管理組合が、専有部分については各区分所有者が受け取ることが通常でしょう。日照や眺望阻害の補償金は原則各区分所有者が受け取ります。各区分所有者の所有権や人格権に基づき補償されるものは、組合議決によって管理組合に帰属させることは、できないと考えられます。

 実務的な対応策と注意点

1 **工事についての取り決め**

金額の補償とは別に、生活の支障を防ぐために工事時間や休日等について隣地事業主や施工会社と一定のルールを決める場合があります。合意した内容を「工事協定」として書面に残すこともあります。

このような内容は、各区分所有者毎に変えることはできないので、管理組合が代表して話し合い、理事長印で調印することが殆どのようです。

2 **管理組合と各区分所有者の権限の整理**

マンションの場合は、管理組合を窓口で話し合いを要望されることが多いと思いますが、既述のように管理組合と各区分所有者で請求できる内容が異なりますので、交渉にあたって整理しておく必要があります。

〈近隣の町会（自治会）との関係〉

① 町会から、マンション内で町会費を払わない人がいるので、管理組合から一括で払ってほしいという要望があります。対応してもよいでしょうか。
② 管理組合が町会費を徴収して町会に支払っています。町会費を値上げするという連絡がありましたが、総会決議は必要でしょうか。

① 町会の入会及び退会は住民の任意であって、会員でないものは町会費を払う義務がなく、組合が町会費を各区分所有者から強制徴収することはできません。

したがって、町会費を支払うことについて同意をしている区分所有者の分についてだけ、町会費を管理費等と一緒に徴収し、そこから町会に支払うという代行事務を行うことができます。

② 管理組合が徴収支払の代行事務を行っていたとしても、町会費は管理費ではありませんので、総会決議は不要です。もっとも継続して管理組合が代行事務を行うのであれば、代行事務の立場であることと値上げの経緯を総会の場で明らかに説明しておくことが望ましいでしょう。

法的見解と対応策

1 町会とは

自治会、町会、町内会と呼称も様々ですが、会員相互の親睦と福祉及び防災体制を増進し、もって地域社会の向上発展を図ることを目的とした権利能力なき社団であり、その目的、趣旨に照らし、加入を強制されない任意団体であり、一方的意思表示により退会することができると考えられています[1]。

自治体により、活動のための助成金等を出している場合もあります。

---

1 最判平17.4.26民集216号639頁、判時1897号10頁、判タ1897号10頁

2　管理組合との違い

　管理組合は、法第3条の規定により設置される法定の団体で、区分所有建物の運営、管理に必要な事項を行います。もっともその管理の一環として管理組合が、地域コミュニティ活動を行うこともあり、その活動は町会等の活動と同様に地域の良好なコミュニティ活動に役立つことも多いことから、総務省は後述の通知で、各自治体に町会と同様の取扱を行い、地域との連携を進めるよう要請したものです。

3　町会費の取扱い

　任意の加入団体であり、入会しないこと及び退会することが自由であり、その場合は町会費を支払う義務を負いません。

　全住民から徴収した管理費会計から町会にコミュニティ形成業務の委託費として支払っていたケースで、この徴収は管理費名目で町会費を管理費に含めて徴収したものと認められるから、町会を退会した区分所有者の分について、町会は返還をするべきとした判例があります[2]。

4　平成28年改訂標準管理規約

　以上のような町会及び町会費の性質を鑑み、従前の標準規約27条及び32条の「管理費を地域コミュニティにも配慮した居住者間のコミュニティ形成に要する費用に充当する」という条項を削除しています。改定のコメントでは、管理費と町会費を区別すること、徴収方法や活動についても整理すべきことなどを注意喚起しています。

 実務的な対応策と注意点

1　町会費を管理組合が支払う経緯及び退会の対応

　マンション建築時に事業主が近隣の方々にマンション建設の理解を求めます。このときに、多くの町会がマンション住民も町会に加入するようにとの

---

[2] 東京高判平19.9.20
　　その他同旨で東京簡裁平19.8.7 裁判所ウェブサイト

要望をします。従来は、このときの約束として契約時に重要事項説明などで半ば強制的に加入することとしたり、個人ではなく管理組合という団体として加入することとしたりするケースもあり、現在でもその形式のままとなっている管理組合もあります。

昨今では、町会側も判例の理解が進んできてはいますが、住民や管理組合の退会の際には、一方的に町会費の支払いをやめてしまわず、町会との話合いをもつようにしましょう。

また、管理費等とともに町会費を前納にて徴収している場合、徴収された町会費はそのまま管理組合から町会に対して支払いがされていると考えられます。途中で退会した居住者がいた場合、居住者は管理組合に対して町会費の返還を求め、管理組合は町会に対して支払い済みの町会費の返還を求めることとなります。こうした場合、例えば町会費が月額100円であるのに対し、返金のための振込み手数料が300円以上かかるなどの費用負担をめぐりトラブルになるケースもありますので、途中加入や途中退会の手続についても町会とよく話合いをしておきましょう。

2　自治体の窓口

総務省は各都道府県知事にあて、市区町村に対して都市部のマンションと地域の連携について支援することを要請する通知を出しています（平成27年5月12日付　総行住第49号）ので、困った場合は市区町村の窓口にも相談してみましょう。

第5-4　土地所有者

〈管理費と借地料〉

Q92 借地権のマンションです。土地所有者に支払う借地料を管理費と一緒に徴収し、管理組合が毎月一括して支払ってきました。ある区分所有者が長期にわたり管理費等を滞納していますが、土地所有者からは借地料については滞納者の分も含めて全額を支払うように言われています。管理組合としては、支払うべきでしょうか。

管理組合は、滞納している区分所有者の負担するべき借地料について支払うべき義務はありません。

土地所有者は、支払いが滞っている区分所有者に対しては、個別にその請求をすべきであり、支払われない時にはその区分所有者との間で借地契約の解除、明渡請求、建物の買取り等の交渉をすることとなります。

📖 法的見解と対応策

1　管理組合の性格

　管理組合は、法3条に基づくマンションの管理を行うための団体であって、土地を借りている当事者ではありません。管理組合が借地料を管理費等と一緒に徴収し、まとめて土地所有者に支払うという形態をとっているとしても、それは区分所有者から管理費と一緒に徴収しまとめて借地料を支払った方が事務手続上も支払い手数料等も効率が良いといった事実上、便宜上の理由からです。借地契約の当事者は管理組合ではなく各区分所有者であり、借地料の支払い債務も当然区分所有者に帰属します。

2　借地料支払い債務の可分性

　敷地利用権が借地権である区分所有建物において、特別の約束のない

限り区分所有者の支払うべき地代は借地権全体の設定の対価ではなく、自己の有する借地権の持分割合に対する地代を払えば足りる（可分債務である）とされています[1]。

したがって、管理組合が便宜上借地料を集めて、土地所有者にまとめて支払う事務を行うことは問題ないとしても、借地料を支払わない区分所有者の分までも、他の区分所有者が支払った管理費等の中から支払う必要はありません。管理費の中から未納者の借地料を補てんするということになってしまいますから、むしろ支払うべきでないと言えます。

借地契約において、各区分所有者が他の区分所有者の割合の借地料についても支払う（不可分債務である）という特別の約束があると言った場合であれば、支払うべきということになりますが、そのような約束がされるケースは多くないと思われます。土地所有者から、全額を払うように請求された場合は、この様な点で借地契約の条件を確認してみてください。

またある区分所有者が借地料を滞納し続けたとしても、土地所有者は区分所有建物として分譲されることを承認していたはずですから、マンション全体の借地契約に対して解除をすることはできず、その未納者の該当する持分に対してのみ法的な措置をとることができることとなります。

 実務的な対応策と注意点

1　土地所有者との特約―分譲事業主転貸方式

土地所有者は、マンションの場合には借地料を多くの権利者から回収することになるため、その困難を嫌って一括で支払うことを要求することがあります。そのため、事業主が分譲後も借地料を徴収し土地所有者に支払うという形態を続ける、という約束をすることもあるようです。この場合の事業主の役割が、単に事務代行をするという場合もあれば、土地所有者から事業主

1　東京地判平7.6.7判時1560号102頁、判タ911号132頁

が土地を借地し、各区分所有者に対し借地権を転貸するという場合もあります。

後者の転貸借の場合には、事業主は未納の区分所有者がいても、土地所有者に全額の借地料を支払う義務を負うことになります。事業主が倒産したような場合には、各区分所有者が直接持分に対応する借地料を支払い、借地契約を継続することになります。

2　土地所有者との特約

土地所有者が心配する借地料の未納のリスクは、ゼロにすることはできません。そこで分譲時に各区分所有者が一定期間の借地料相当額を管理組合に預けておき、未納があった時にはそこから引き当てて土地所有者に支払うという方法をとり、土地所有者の理解を得ているマンションもあります。

第6章
通常修繕以外のトラブル

第6-1　大規模修繕

〈大規模修繕の決議〉

Q93 平成14年に区分所有法は大規模修繕の決議は普通決議でよいと改正されましたが、管理規約は改正前の特別決議を要するという規定のままです。現在、大規模修繕の決議は普通決議で行っていますが問題はありますか。

　区分所有者が管理規約は区分所有法の内容に従うものと考えている場合は、普通決議でも問題ありません。管理規約は現状に合わせて早急に変更した方がよいでしょう。

法的見解と対応策

1　区分所有法の改正

現在の区分所有法では、形状又は効用の著しい変更を伴わない共用部分の変更は普通決議で決めると規定されています（法17条反対解釈、法18条）。

計画的に行われる大規模修繕は、共用部分の改良工事であって多額の費用を要するものですが、形状や効用の著しい変更を伴わないものと解されていますので、普通決議となります。

改正前の区分所有法では、大規模修繕には特別決議が必要でした。しかし、特別決議は要件が厳しく、大規模修繕の円滑な実施を困難にしていたので、マンションの適正な管理を推進するために、区分所有法が改正されました。

2　管理規約と区分所有者の意思

平成14年改正以前、標準管理規約も、改正前の区分所有法と同様、特別決議が必要と規定していましたが、平成14年以降は、改正区分所有法に合わせた規定に変えられています。

そもそも管理規約は区分所有者の合意ですから、区分所有者が管理規約の内容を決めることになります。そこで区分所有者の意思が、大規模修繕の決議を区分所有法の内容に従って普通決議で行うか、通常の決議よりも重い特別決議で行うかで決議の種類も変わります。

大規模修繕の決議の際に区分所有者から決議に関する質問等がなされなければ、円滑な大規模修繕の実施という区分所有法の改正趣旨から考えて、区分所有者の意思が区分所有法の内容どおり普通決議であると判断できます。

しかし、管理規約と実態が整合していない状態が続いていますので、早急に管理規約を変更して、普通決議とした方がよいでしょう。

なお、改正された区分所有法の内容に関わらず、区分所有者が大規模修繕は特別決議で行う意思がある場合は、改めて、特別決議とする内容で管理規約を承認する決議を行っておいた方がよいでしょう。

実務上の対応策と注意点

標準管理規約が改正されても、管理組合運営に支障がなければ、規約を改正する必要はありません。

それでも平成14年に、それまで特別多数決議が必要とされた「著しく多額の費用を要するもの」（いわゆる大規模修繕工事）から「形状又は効用の著しい変更を伴わない共用部分の変更」を普通決議とする条文は、多くの管理組合で改正しています。

普通決議なのか特別決議なのかの判断でトラブルになるときは、おおむね総会の参加者が少ないときや、賛成と反対が拮抗しているときなどです。つまり、成立するかしないかぎりぎりのラインにあるときです。

こうしたときに、法律と規約が異なると、決議が無効であるとの疑義が生じたり、その解釈をめぐってトラブルが大きくなることも考えられます。

現在は総会の決議に特段の支障がなくても、法律と規約の整合性ははかっておいたほうがよいでしょう。

〈大規模修繕中の使用細則の変更〉

Q94 大規模修繕工事にあたり、駐車場の一角が使用できなくなることから、来客用駐車場を一時的に使用してもらうようにしたいと考えています。しかし使用細則には「来客用」としており、区分所有者が利用することはできないとされています。一時使用であっても使用細則の変更は必要ですか。

A 使用細則の変更までは必要ありませんが、大規模修繕工事に伴う時限的な変更として総会の決議が必要です。総会で決議をしなかった場合は、理事会で決定し、後から総会で報告します。

法的見解と対応策

駐車場は共用部分ですから、使用方法は区分所有者の合意によって定める必要があり、通常は使用細則で定めることになります。

今回は、大規模修繕によって変更される内容は、期間、場所ともに限定的ですから、使用細則の変更までは必要ないと考えられます。

しかし共用部分の使用方法の変更ですから、一時的な変更であっても、総会の決議が必要です。そこで、大規模修繕の決議と同時に、「大規模修繕工事期間（平成○年○月○日〜平成○年○月○日）に来客用駐車場を区分所有者が使用する」という内容の決議をとるのがよいでしょう。

もし、総会で決議をしなかった場合は、理事会の承認を得て実行し、後から総会で報告しておく必要があります。

実務上の対応策と注意点

総会の開催は、多くの区分所有者にとって時間的負担があるばかりでなく、準備段階の理事会にも大きな負担がかかります。できれば、1回の総会で決議できるものはしてしまいたいところです。それでも、後から決議が必要であると気付いたときは、常識に照らしてあきらかに承認されるであろう事項は、次の総会で追認してもらう方法もあります。

また、大規模修繕工事など、ひとつのことを決議する場合に、同時に複数の決議を必要とするケースには次のようなものがあります。

① 設備の変更と管理委託契約の変更

　例えば、受水槽方式を廃止し、増圧直結方式に変更するなどの場合、管理会社と締結している管理委託契約の点検の頻度や内容、金額が変更になる場合があります。マンションの設備を変更するときは、その後の点検契約の変更も同時に決議しておきましょう。

② 設備の変更と長期修繕計画の変更

　上記同様、マンションの設備の変更をするときは、長期修繕計画に記載された修繕計画や周期、資金計画もまた変更になります。これらの変更も同時に決議しておきましょう。

③ 共用部分の変更と規約別表の変更

　機械式駐車場を廃止し、植栽に変更するなどの共用部分の変更をした際は、工事に関する決議だけでなく、規約別表に記載のある共用部分の範囲も同時に変更の決議をしておきましょう。

〈大規模修繕中の追加工事の発注〉

Q95 大規模修繕工事の実施途中に、工事前にはわからなかった不具合が判明しました。足場をかけている間に実施すれば、工事費用は安く済みますが、足場を解体してからだと高くなってしまいます。この場合でも追加工事の発注には、総会決議が必要ですか。

A 原則として追加工事の発注には総会決議が必要です。しかし総会を開催することができない場合、大規模修繕工事の経費であれば理事会の承認によって追加工事を発注し、総会で追認することで対応することができます。

  法的見解と対応策

大規模修繕工事の内容に関しては、総会決議が必要ですし（法18条1項）、その費用についても予算として総会の決議を経る必要があります（標準管理規約58条1項）。しかし、大規模修繕工事の経費は、総会の承認を得る前に支出することがやむをえない場合は、理事会の承認を得て支出することができます（同条3項2号）。やむをえない場合に該当するかどうかは、実務を参考に検討します。

本件は、残工事期間中に総会を招集して決議ができないのであれば、理事会が承認すれば追加工事の発注ができます。

工事終了後、定期総会において、決算として支出の追認をすることになります。

  実務上の対応策と注意点

大規模修繕工事の途中で追加工事が発生するケースには次のようなものがあります。

　①　外壁タイル・下地補修を実費精算で契約しているケース

　　補修すべきタイルは、足場をかけた後に調査します。見積りの段階では

正確な数量が不明なので、増減清算を最初から想定します。なお、請負契約にて増えても減っても増減なしとして契約するケースもあります。）
② 工事中に何かを発見したケース
　例えば、アルミ手摺がグラグラしている部分を発見した場合、注入接着工事が必要になります。雨水樋のひび割れ・漏水箇所を発見した場合、部分補修が必要になります。
③ 工事会社からの提案によるもの
　例えば、斜壁部に水切り金物を設置し外壁を汚れにくくする提案、汚れが付きにくい塗装材料に変更する提案などが考えられます。
④ 見積り時点で除外としていたが、工事が進む中で、やはりやりたくなるケース
　例えば、外廊下の長尺シート張替えを除外していたが、廻りがきれいになったのでやはり張り替えたいなどが考えられます。
⑤ アンケート等で居住者から要望が出るケース
　例えば、アンケートで目隠しパネル設置の要望があったなどが考えられます。

　大規模修繕工事の実施にあたっては、予備費を計上し、その都度、総会を開催せずに済むように、こうした追加工事等に対応できるようにしておくことが必要です。
　ただし、予備費の範囲内であれば何でもやってよいというわけではありません。予備費の範囲内であっても、共用部分の変更に該当し、臨時総会の開催が必要な事項に該当していないかなど、追加内容はよく検討するようにしましょう。

第6-2 長期修繕計画

〈大規模修繕工事費用の修繕計画からの大幅アップ〉

Q96 大規模修繕工事をするために、工事会社から見積書を取得したところ、分譲当時に売り主からもらった長期修繕計画の工事費用から大幅に金額がアップすることがわかりました。売主に対し、損害賠償請求することはできますか。

A 修繕計画は長期間にわたることから、一定期間ごとに見直すことを前提としています。実際の修繕費用が高額となっても、売主に損害賠償は請求できません。

法的見解と対応策

分譲事業者は、平成20年6月に国土交通省が策定した「長期修繕計画ガイドライン」を参考に、長期修繕計画を作成し、これに基づいて修繕積立金の額を設定します。新築マンションの場合は、事業主は長期修繕計画案を作成し、購入予定者に説明をする必要があります。

マンションが区分所有者に引き渡された後は、管理組合がこの計画を引き継ぎ、総会で決議します。

修繕計画は、長期間にわたることから一定期間ごとに見直すことを前提としています。このようなことから、計画に定められた概算費用は確定したものではなく、実際の修繕費用が計画の工事費用より上回っても、売主に損害賠償請求できるものではありません。

ただし、事業主が作成した長期修繕計画が、上記長期修繕計画ガイドラインを参考にしておらず、実際の工事費用と大幅に乖離していることが判明した場合、購入した物の瑕疵として売主に瑕疵担保責任を請求する余地はあります。

実務上の対応策と注意点

　長期修繕計画や修繕積立金という概念そのものがない時期には、管理費の10％程度を修繕積立金として積み立てるという方法が一般的な考え方として販売されていました。

　また、平成20年に長期修繕計画ガイドラインが策定される前は、公益財団法人マンション管理センターの策定した目安をもとに長期修繕計画を策定したマンションが多くありました。これは、マンションの戸数などをもとにして作成するもので、実際の数量などから算出するものではありませんでした。そのため、築年数の古いマンションでは、実際の工事金額と乖離したケースもみられます。

　また、近年は建築工事価格の高騰が激しく、計画していた工事の一部が実施できなくなるなどの事例も出てきています。長期修繕計画ガイドラインに基づいて作成していても、定期的な見直しが必要となります。

　なお、長期修繕計画と資金計画は別のものです。長期修繕計画をもとに、必要な工事費用をどのように積み立てていくかをシミュレーションしたものが資金計画です。

　資金計画には、段階増額方式や均等法式などの考え方があります。一般的には大規模修繕工事の実施時期に一時金の負担がなく、毎年同額を積み立てていく均等法式が推奨されていますが、これらも管理組合がどの考え方を採用するかにより修繕積立金の金額も変わってきます。途中から考え方を変更することもできます。

　大切なのは、柔軟に変更し、活用していくことです。

〈建替費用と修繕積立金の関係〉

既に築40年を迎えていますが、管理会社から提案された長期修繕計画には建替え金額が算入されていません。どのように算出すればよいですか。

A 長期修繕計画と建替え計画は全く別に計画し、それぞれ費用を算出する必要があります。したがって、長期修繕計画の中で建替え金額を算入することはできません。

 法的見解と対応策

建替えは修繕計画とは別に計画を立てて費用を算出します。したがって修繕計画には建替え費用は含みません。

ただし、修繕積立金は建物の建替えの合意形成に必要な事項の調査に使用することができます（標準管理規約28条1項4号）。また、建替え決議後であっても、マンション建替え組合設立前であれば修繕積立金を経費として使用することができます（標準管理規約28条2項）。

 実務上の対応策と注意点

長期修繕計画は定期的に見直しをします。例えば5年毎に30年の期間として見直す場合、築5年目には、6年目から35年目、築10年目には、11年目から40年目までの計画を策定することになります。

一方で建替え費用は、建替え後にどのような建物を建築するのか、参加する事業者（ディベロッパー等）はあるのかなど複雑な要因が関係するため、一概に建替え費用がいくらであるのかを算出することはできません。建替えには、議決権数及び区分所有者数の5分の4の賛成が必要ですから、費用の算出もまた慎重に合意形成をとりながら行うべきものです。

建替え計画が承認された後に、それ以降の修繕費用は必要なくなることからそれまでに積立てられた修繕積立金で修繕費用を賄い、修繕積立金の徴収を中止した事例もあります。

第6-3 震災対応

〈戸境壁の専有部分と共用部分の区別〉

Q 98 震災で戸境壁の修理が必要になった場合を心配しています。標準管理規約第7条は、「天井、床及び壁は躯体部分を除くところを専有部分」と定めています。建物のコンクリート部分が躯体部分になると聞いていますが、住戸と住戸の戸境壁（界壁）にコンクリートを使用していない場合は、間仕切壁も専有部分となるのでしょうか。

　各住戸の戸境壁（界壁）はその性質上、共用部分としなければなりませんが、コンクリート部分が躯体部分となるという考え方では、コンクリート製ではない戸境壁が共用部分とならない恐れがあります。そこで、各マンションにおいて共用部分の範囲を管理規約で適切に定めておく必要があります。

法的見解と対応策

　マンションは各個人の住戸が集合している建物ですので、管理のためには、各住戸の戸境壁は共用部分としておかなければなりません。

　マンションの共用部分と専有部分の区別は区分所有法には規定されていませんが、標準管理規約7条2項1号は、壁について躯体部分を除く部分を専有部分と規定しています。

　一般的に、躯体部分とはコンクリート部分と言われています。

　一般的なマンションでは、戸境壁はコンクリート製ですので躯体部分と解され、共用部分となります。しかし、タワー型マンションでは、戸境壁は乾式耐火間仕切壁が用いられており、この壁はコンクリート製ではないため躯体部分とは解されません。したがって標準管理規約7条の規定では、戸境壁は共用部分になりません。

　そこで、管理規約で共用部分を定める際、戸境壁を含めておく必要が

あります。標準管理規約別表第２では共用部分の範囲を「界壁（各住戸の仕切壁）」と記載していますが、このように、各マンションで、共用部分の範囲を管理規約で適切に定めておく必要があります。

 実務上の対応策と注意点

標準管理規約通りに管理規約を作成していると、こうした個別マンションに特有の記載がされず、専有部分と共有部分の区分に疑問が生じる場合があります。

特に第７条については、疑問が生じやすい条文ですので、下記の例を参考に詳細に規定するか、別に図示するなどしておくとよいでしょう。

（専有部分の範囲）
第７条　対象物件のうち区分所有権の対象となる専有部分は、住戸番号を付した住戸とする。
２　前項の専有部分を他から区分する構造物の帰属については、次のとおりとする。
　(1)　天井、床及び壁は、躯体部分を除く部分を専有部分とする。

〈乾式間仕切り壁がある場合の例〉
(1)　躯体部分（乾式間仕切壁を含む）を除く天井、床及び壁

　(2)　玄関扉は、錠及び内部塗装部分を専有部分とする。
　(3)　窓枠及び窓ガラスは、専有部分に含まれないものとする。

〈配管・配膳設備区分を記載する場合の例〉
○配線、配管、ダクト、パイプシャフト等の設備のうち、共用配管（配線）から分岐し、特定住戸専用に使用される部分。ただし、電気、水道、ガス設備は各戸別メーターからとし、メーターは専有部分に含まれないものとする。
　※メーターの所有区分等は行政区により異なります。
３　第１項又は前項の専有部分の専用に供される設備のうち共用部分内にある部分以外のものは、専有部分とする。

第6-3　震災対応

〈地震管制装置の作動〉

震災でエキスパンションジョイントがはずれたり、エレベーターやガスの供給が停止したりしました。これらの被害において責任のある事業者はありますか。

これらの被害は地震管制装置等が正しく作動した結果ですので、事業者が責任を負うことはありません。

 法的見解と対応策

　地震が発生した場合に、損害の拡大を防止するために種々の仕組みが備えられています。エキスパンションジョイントは、建物に加わる外力を吸収し、損壊を最小限に抑える役割がありますので、地震の際に損壊することは設計時に想定されています。エレベーターも地震管制運転装置により地震発生とともに運転停止になりますし、ガスも安全機能が作動して供給停止となります。
　したがって、これらの被害について、建築業者、エレベーター業者、ガス業者などの事業者が責任を負うことはありません。

 実務上の対応策と注意点

　東日本大震災の時に「ガスがつかない」という問い合わせがガス会社に殺到し、電話が繋がらなくなったと聞いています。マンションの場合、地震によりマイコンメーターが作動し自動的にガス供給が停止されます。復旧するには、メーター横にある赤いボタンを長押しする必要があります。ガスの開栓時に説明をうけているはずですが、実際に停止したときにそれを思い出した方は少数であったようです。
　エレベーターもまた自動的に停止します。復旧には専門の技術員が作業をする必要があります。停止した場合は、復旧の順番待ちとなります。公共施設、病院などの建物から先に復旧作業がはじまるため、マンションの復旧には時間がかかる場合があります。

207

そのほか、震災に備えて知っておきたい知識として次のようなものがあります。

① 電話

停電しても電話回線に異常がなければ電話はつながります。ただし、電話機に電気が供給されないことにより、通話できない場合もあります。

② 水道

地域的な断水が発生し、その後に水の供給が開始されても、停電しているとポンプが作動せずに断水したままとなります。また、給水開始と同時に一斉使用を開始すると水圧が下がり、少量の水しか出ないこともあります。マンションの場合は、漏水に備えて下階から段階的に利用を開始することが必要です。

③ エントランス自動ドア

火災などの際に閉まって停止する機種と、開放して停止する機種があります。

④ 自家発電装置

大型のマンションの一部では自家発電装置が設置されています。この装置は、主に消防用設備を作動させるためものであり、停電時に部屋内の電気を点灯させるものではありません。また、燃料に重油等を使用しているため、作動した場合は大きな音と臭気が発生します。

〈専有部分の修理に対する積立金の支出〉

Q100 震災の影響により、全住戸の給湯器が転倒しました。管理組合の積立金を支出して修繕できますか。

A 専有部分の修繕に積立金を使用するには、総会の決議が必要です。緊急対応できるように、専有部分の修繕を理事会の承認に委ねる内容の管理規約を定めておくことが望ましいと思われます。

 法的見解と対応策

管理規約で別に定めている場合を除き、給湯器は専有部分です。管理組合の積立金は、共用部分の管理のためのものですから、専有部分の修繕には使用できません。

給湯器の破損は各区分所有者が修理する義務を負いますが、修理をしない場合、そのために水漏れ事故が生じて他の区分所有者の専有部分又は共用部分に損害を与える危険性もあります。

このように修繕の必要性が認められる場合、積立金の支出を総会の決議で決定します。通常、管理費は予算という形式で支出の内容を総会の決議で承認されますので、それと同様に、総会の普通決議で区分所有者の承認を得る必要があります。

本問のように、震災による破損等で緊急に修繕する必要があるが、総会が開催できないケースに備えて、専有部分の修理のための支出を理事会が決定できるように、管理規約を定めておくことが望ましいと思われます。

 実務上の対応策と注意点

震災などによる倒壊の場合は、柔軟な対応が求められます。この時に、トラブルを発生させないよう、規約の改正及び使用細則の制定をしておきましょう。

〈使用細則例〉

第○条（大規模災害時の対応の決定、権限の委譲）

　大規模な地震等の災害が発生した場合において、窮迫の生命への危険や二次災害の懸念があり、緊急な判断が求められる場合、以下の順位において、緊急の工事や緊急の対応を、支出を含め決定することができる。なお、副理事長が選任されている場合において、理事長が不在のときは、副理事長がその職務を代理し、理事長が欠けたときは、副理事長がその職務を行うものとする。

(1) 理事長が理事の過半数以上と連絡を取ることが出来る場合、連絡が取れた理事の半数以上で決することが出来る。

(2) 理事長が理事の過半数以上と連絡を取ることが出来ない場合には、理事長が単独で決することが出来る。

(3) 理事長が不在などで理事への連絡を取ることが出来ないが、理事長を除く理事の過半数以上の連絡が取れる場合、連絡が取れた理事の半数以上で決することが出来る。この場合、決定に参加した理事のうち一名が理事長を代理するものとする。

2　前一項から三項の対応が出来ない場合には、以下の順位で対応の決定を行うものとする。この場合、決定に参加した者のうち一名が理事長を代理するものとする。

(1) 理事二名

(2) 区分所有者二名以上の同意を得た理事

(3) 区分所有者二名以上の同意を得た区分所有者

第○条　（管理費、修繕積立金）

　管理費又は修繕積立金は、規約本文に定める経費に充当する他、災害及び不測の事故その他特別の事由により必要となる修繕のために、本細則○条の決定に基づき取り崩すことができる。

※平成28年度国土交通省マンション管理適正化・再生推進事業「・緊急コールのデータ分析及びその追加調査によって、機械式駐車場の冠水や地震の被災時に発生が予測される問題点を明らかにした事例」（大和ライフネクスト株式会社）より一部抜粋

〈物品の備えと名簿の管理〉

Q101 大震災の発生に備えて、非常食等や緊急用の名簿を準備したいのですが、管理組合で行ってもよいでしょうか。整備にあたってどのような問題がありますか。

A 防災のための準備は管理組合で行う必要があります。名簿は個人情報であるとともにプライバシーに関わる事項ですので、区分所有者、賃借人（居住者）の理解を求め、管理は厳格に行うことが必要です。

 法的見解と対応策

1 　管理組合はマンションの防災、居住環境の維持及び向上に関する業務を行います（標準管理規約32条12号）。大震災の発生に備え、非常食や飲料水、防災救助のための物品を整備しておくことはこの業務に該当しますので、管理組合で行うことができます。そのための予算を作成し、総会の承認を得ることが必要です（標準管理規約48条1、2項）。これらの防災物品は管理費で準備しますが（標準管理規約27条11号）、賃借人も適正なマンション管理の協力者の立場であり、（法6条3項、同46条2項）、賃借人が使用することに問題はありません。

　　防災のために管理組合で準備しておく事項については、平成17年に公表されたマンション管理標準指針コメント（一　管理組合の運営）（http://www.mlit.go.jp/common/001080790.pdf）P.45〜47が参考になります。

2 　災害時の連絡用名簿は管理組合が備える名簿とは別に、居住者（区分所有者及び賃借人）を対象としたものになります。連絡用名簿は居住者の安否確認や高齢者・障害者等の災害弱者に対する救護、救援に使用するためのもので、管理組合の名簿とは目的が異なるからです。

　　居住者に名簿の作成を強制することは法律上できません。名簿の登

載を拒否する人に対しては、管理組合が作成の必要性、目的、用途及び管理方法等を十分に説明して納得してもらう必要があります。

なお、この連絡用名簿は、個人情報はもちろん、上述のようにデリケートな情報を含みますので、管理は厳格に行わなければなりません。

マンションの名簿については、**Q49**、**Q50**（P.104〜108）をご参照ください。

 実務上の対応策と注意点

マンションは不思議なもので、年数を経るにつれて、会社でいう社風や学校でいう校風のようなものができます（マンション風と言えばよいでしょうか。）。

防災備品の整備や緊急連絡簿の整備などは、意識の高いマンションで取り組まれています。防災対策は理事会としては良い提案と考えてのことなので、みんなが賛同してくれると考えがちですが、総会などで思わぬ反対にあうことがあります。強制力がない以上、提案は取り下げざるを得ません。

こうした場合におすすめしているのは、月並みなことですが、コミュニティ形成に資する防災訓練や災害時を想定した炊き出しの訓練などです。そうした場で、理事会の考えを説明して、ギャップを明らかにしていくのです。そうした遠回りに思えることが、よりよい「マンション風」をつくっていることにもつながるのではないでしょうか。

〈地震保険その他の保険〉

Q102 マンション管理組合で加入しておくべき損害保険には、どのようなものがありますか。

A 管理組合はマンションの共用部分を管理していますので、マンション共用部分を対象とする火災保険（対象となる事故は火災に限りません）、地震保険及び共用部分を原因とする事故を補償する損害賠償責任保険に加入しておく必要があるでしょう。損害保険会社や保険の契約内容によって、対象となる物や補償の範囲が異なる場合がありますので、加入時にはよく確認してください。

法的見解と対応策

マンション管理組合が加入するべき損害保険は、基本的には共用部分を対象とする火災保険（対象は火災だけではなく、落雷、破裂・爆発、風災等火災以外の損害も含みます）及び共用部分の不備や管理の過失を原因として他人に損害を与えたため管理組合が法律上の賠償責任を負う場合を対象とした賠償責任保険です。

ところで、通常の火災保険は地震による損害については保険金を支払いません（免責といいます）。したがって、火災保険だけではなく「地震保険」にも加入する必要があります。

地震保険は単独では加入できず、火災保険とセットとなります。また保険金の上限は火災保険の保険金の30〜50％です。

地震が発生した際に支払われる保険金の額も、損傷区分を全損、大半損、小半損、一部損を認定して、損傷区分に応じて金額を定める仕組みとなっています。

火災保険と同様、損害賠償責任保険も地震による損害の補償金を支払いません。地震による損害を不可抗力として損害賠償責任を認めないケースもありますが、震度5から6の地震では不可抗力と認められない場合も考えられます。

裁判例には、東日本大震災において、専有部分である給湯器からの水濡れで区分所有者に損害賠償責任が認められたにも関わらず、事故の原因が地震と競合していることを理由に、個人損害賠償責任保険は免責と判断したものがあります[1]。常日頃の管理の必要性を強く感じさせる判断です。

なお、管理組合でのイベントや竣工検査を対象とした損害保険もありますので、必要に応じて加入します。

 実務的な対応策と注意点

ほとんどの管理組合は火災保険には加入しています。地震保険は未加入の管理組合もあります。

地震保険は、火災保険とセットであることから、火災保険と混同されることがあります。地震保険の特長を簡単に説明します。

① 地震保険はその保険金の使途をマンションの共用部分の復旧工事に限定していません。管理組合で決議すれば、区分所有者の臨時の生活費に充当することもできます。

② 地震保険は、柱や梁などの損害を判定します。そのため、外構や構造部分でない壁が損害を受けても保険金は支払われません。

③ 地震保険は、損害の判定を早くするという目的から、損害の区分は４段階にとどまり、火災保険と異なり工事費用の見積書も必要ありません。火災保険が工事費用の見積書をもって査定するのとは異なります。

地震保険は年々料率が見直されており、引き上げ傾向にあります。こうした地震保険の特長を正しく理解して加入を検討することをお勧めします。

1 　東京高判平24.3.19判時2147号118頁、判タ1374号197頁

第7章

民泊について知りたい！

第7-1　民泊の制度・仕組み

〈民泊とは〉

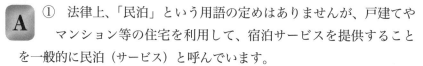

　① 　法律上、「民泊」という用語の定めはありませんが、戸建てやマンション等の住宅を利用して、宿泊サービスを提供することを一般的に民泊（サービス）と呼んでいます。

　なお、標準管理規約コメントでは旅館業法の簡易宿泊の許可を得て行うものを「民泊」と呼んでいます。

② 　宿泊料を受けて、つまり有料で宿泊サービスを提供する場合は、旅館業法の許可が必要ですので、その許可を得ないで有料宿泊サービスを行うことはできないのが原則です。

　昨今、外国人旅行者の増加等を受けて、通常の賃貸借で貸し出すよりも収入が高いこともあり、住宅をホテル代わりに貸し出したいという需要が増え、旅館業の許可を得ない違法な民泊が増えています。衛生管理や治安維持の確保や、近隣住民や宿泊者とのトラブルなどが懸念される問題点です。

　外国からの旅行者等の増加に対応するためもあり、一定の規定に従い安全な民泊サービスを提供できるための法整備が進められています。

〈民泊にあたる行為〉

Q104 どんなものが民泊に当たりますか。知り合いの外国人を空き部屋に泊めたところ、お礼にお金をもらった場合はどうですか。

A 厚生労働省の旅館業に関する解釈では、「社会性をもって継続反復されているもの」とされています。一般的に知人・友人を宿泊させる場合は、「社会性をもって」に当たらないとされています。

　日頃から交流のある外国人を泊めた場合には知人の範囲と言えそうですが、インターネット等を利用して広く宿泊者を募集して、繰り返し宿泊させる場合に、宿泊料とみなされるものをもらう場合は、適法な民泊の類型に当てはまることが必要です。

〈民泊をするには〉

Q105 どのような場合に、民泊はできるのですか。

A 法的に民泊が可能となるのは、現在3種類の方法があります。

1つめは、平成29年6月16日に公布された住宅宿泊事業法（「新法」といいます）によるもので、本書ではこれを中心に解説していきます。新法は、公布の日から1年を超えない範囲で政令で定める日（平成30年6月15日）から施行されます。

住宅宿泊事業を行おうとする者は、交付の日から9か月を超えない範囲で政令で定める日（平成30年3月15日）から、住宅宿泊事業にかかる届出を行うことができます。この場合は、施行日において届出がなされたものとみなされます。

2つめは、特区民泊、と言われる制度で、国家戦略特別区域法に基づき、国が指定した国家戦略特別区域において、自治体から認定を受けて、旅館業法の適用を受けないで外国人滞在施設経営事業を行うことができるものです。

3つめは、旅館業法における簡易宿泊所営業の許可を受ける方法です。平成28年3月に、要件が緩和されたため賃貸マンションなどの場合は、適用しやすくなったといえます。面積基準の緩和や、10人未満の宿泊者を対象とする場合に一定の条件を満たせば玄関帳簿（いわゆるフロント等）を不要とする要件緩和などがありますが、自治体の条例等でフロント設置を求める場合等もありますので、確認が必要です。

〈特区民泊とは〉

Q106 特区民泊の詳細を教えてください。

 ① 特区のエリアについて、平成29年5月現在、特区の指定は関東圏では、東京都、神奈川県全域と千葉県千葉市、成田市、関西圏では、大阪府、兵庫県、京都市の全域、その他いくつかの地方都市があります。

　しかしこれらの指定エリアであることに加え、自治体が民泊条例(正式には、国家戦略特別区域外国人滞在施設経営事業に関する条例)が制定されている必要があります。そのため、現在特区民泊ができるのは、東京都大田区、大阪府の一部、大阪市、北九州市に限られます。
② 外国人滞在施設とされていますが、外国人旅客滞在に適した施設が求められるという趣旨であり、日本人も利用することができます。
③ 平成25年4月の開始当初は、宿泊期間の下限が6泊7日以上と規定されていたが、平成28年8月からは、2泊3日以上と変更されました。
④ その他にいくつかの規制があります(国家戦略特別区域法施行令12条)ので、実施する場合は確認してください。

〈条例による規制〉

Q107 新法に上乗せされる、地方公共団体の条例規制はどのようなものですか。

新法18条に、「都道府県等は、住宅宿泊事業に起因する騒音の発生その他の事象による生活環境の悪化を防止するため必要がある時は、合理的に必要と認められる限度において、政令で定める基準に従い条例で定めることにより、区域を定めて、住宅宿泊事業を実施する期間を制限することができる。」とあります。

これにより、都道府県等（一定の要件を満たす場合は、保健所を設置する市又は特別区）は、例えば「学校の周辺」「観光地」「住宅専用地域」等特定の地域を定め、日数制限を行ったり、実施できない制限としたりすることも可能です。生活環境の悪化を防止するため、という要件の具体的基準はこれからの議論となるでしょう。

第7-2　住宅宿泊事業法について詳しく知りたい！

〈家主居住型と家主不在型の違い〉

Q 108 家主居住型と家主不在型の違いと運営の条件を教えてください。

新法は、2つの形式に分類して事業者の義務を定めています。
① 家主居住型

いわゆるホームステイのように、家主が居住しながら、その一部を提供する形式です。
② 家主不在型

一時的あるいは自宅との距離等が近接している時等を除き、家主が不在で、住宅を提供する場合、及び提供する居室数が一定の数を超えるときを指す形式です。

いずれの形式も、都道府県知事へ届出が必要です。

①の家主居住型では、家主自らが住宅宿泊事業の適正な遂行のための措置（衛生確保措置、騒音防止のための説明、苦情への対応、宿泊者名簿の作成、備え付け、標識の掲示等）を行う義務があるのに対し、②の不在型は、家主が自らそれらを履行できないことから、住宅宿泊管理業者に委託することを義務付けています。

なお、家主の居住する同一の建物（マンション）内の別の住戸を民泊に利用する場合の扱いについて（新法11条1項2号のかっこ書きに定める省令で指定するか否か）は、現在観光庁で協議中です。

〈住宅宿泊管理業者〉

Q109 住宅宿泊管理業者とはどのようなものでしょうか。

A 新法は、家主不在型の住宅宿泊事業者が、適正な事業の遂行ができるように、国土交通大臣の登録を受けた住宅宿泊管理業者に委託することを義務付けました。

委託を受けた住宅宿泊管理業者は、住宅宿泊事業の適正な遂行のための措置及び住宅宿泊事業者への規約内容の説明、書面交付等の実施を義務付け、国土交通大臣は住宅宿泊事業者に対して、業務改善命令、登録の取消等の監督処分を行うことができます。

依頼するときは、正式に登録を受けた業者を選ばなければなりません。

〈住宅宿泊仲介業者〉

Q110 住宅宿泊仲介業者とはどのようなものでしょうか。

住宅宿泊事業者と宿泊者との間の宿泊契約の締結の仲介（住宅宿泊仲介業）を行うものは、観光庁長官の登録が必要です。

住宅宿泊仲介業者は、住宅宿泊仲介業の適正な遂行のため措置（宿泊者への契約内容の説明、書面の交付等）や、住宅宿泊仲介業務に関する料金の公示等の義務があり、観光庁長官は、住宅宿泊仲介業者に対して、業務改善命令、登録の取消等の監督処分を行うことができます。

旅行業法の登録を受けた旅行業者も仲介業務を行うことができます。

なお、最近インターネットを利用したマッチングサイトが増えていますが、これらのWEBサイトは、提供者と宿泊者のマッチングの場を提供するものであって仲介業にあたらないものもあります。WEBサイトによりやり方は様々ですので、利用の際には確認してください。

〈トラブル相談窓口〉

Q111 住宅宿泊事業に関するトラブルの対応はどこに相談すればよいでしょうか。監督官庁が多岐にわたるため、わかりにくいです。

A ① 宿泊者の迷惑行為
　まずは、住宅宿泊事業者、住宅宿泊事業者が住宅宿泊管理業者に業務を委託している場合は住宅宿泊管理業者に改善を申し出ることになります。

② インターネット等の募集広告について
　サイト運営者は掲載の場を提供するにとどまり、内容については対応しない場合もあります。掲載している住宅宿泊事業者又は住宅宿泊仲介業者に対して、対応を申し出るべき場合もあると考えられます。

③ 住宅宿泊事業者が法に違反している疑い
　都道府県知事（保健所を設置する市又は特別区においては、市長又は特別区長）

④ 住宅宿泊管理業者が法に違反している疑い
　都道府県（保健所を設置する市又は特別区においては、市長又は特別区長）又は国土交通省（各地方整備局）

⑤ 住宅宿泊仲介業者が法に違反している疑い
　観光庁

⑥ 特区法における外国人宿泊事業
　管轄の保健所

　なお、都道府県に民泊に関する苦情窓口が設置される予定です。

〈住宅利用の法律上の規制〉

Q112 住宅宿泊事業を行う上で、住宅を利用する根拠となる権利は、所有権、賃借権、転貸借などでもよいのですか。

A 法律上は規制がありません。住宅を利用する正当な権利があれば、事業の届出は可能です。

〈時間貸し〉

Q113 新法2条2項「宿泊」の定義には、特に定めがありませんが、「時間貸し」も可能でしょうか。

A 法文そのものには、規制する条文はありません。ただし、宿泊者を募集するサイトでは、当日〇時から翌日〇時までという1泊の予約しかできないようになっていることが多いようなので、事実上、時間単位で予約できないため、時間貸しは簡単ではないかもしれません。

時間貸しをした場合にラブホテルのように利用されるのではないか、との不安がある場合には、使用細則で時間貸しはできないように規定しておくとよいでしょう。

〈住宅所有者の変更〉

Q114 1年間の途中で、所有者や賃貸人が変更になった場合は、それぞれの人が、同じ1年の間に180日以内の宿泊事業を行うことができますか。

A この法律は「住宅」を軸として考えられており、「人」軸ではありません。よって、一つの住宅は、誰が事業主であっても、1年間に180日しか宿泊に提供することはできません。

所有者が90日、賃借人が90日、転借人が90日、合計270日の営業をすることはできませんし、年の途中で所有者が変わっても、新旧所有者併せて年間180日と言うことになります。

また、営業日数は記録を保管しておく必要があります。

〈営業日数の管理〉

Q115 営業日数が、1年間に180日以内であるかどうかは、誰かが管理するのでしょうか。

A 管理組合としては、自主ルールとして営業日を届けてもらって、営業日を確認する方法があるでしょう。

監督官庁等は、宿泊者募集サイト等から特定の住戸の営業日数を監視する方法を検討しているようです。

〈外国語対応の範囲〉

Q116 新法7条では、外国人観光旅客である宿泊者に対し、外国語で必要な措置を講じなければならないとされています。
外国語といっても、中国語、韓国語、英語程度であれば対応できますが、それ以外の特殊な言語は対応できません。外国語の範囲はどこまでですか。

A 宿泊者を募集する段階で、募集した言語が英語・中国語・韓国語であれば、それらのいずれかが理解できる人が宿泊するであろうという前提です。

宿泊者を募集した言語(例の場合は英語・中国語・韓国語)で案内がされればよく、それ以外の言語(例えばポルトガル語、スペイン語)で対応する必要はありません。

〈宿泊者の限定〉

Q117 宿泊者を特定の人に制限することはできますか。例えば、宿泊者(ゲスト)としてのインターネット上の評価が5つ星(優良)の人だけにする、特定の条件にあてはまる企業の出張者だけに限定するなどを考えています。

A できます。新法は、事業者が宿泊拒否をすることを否定していません。募集のときにそれらの条件提示をすることも可能ですし、該当しない人からの予約を拒否することもできます。

また、サイトによっては、それらの条件にあてはまる人しか閲覧できない機能を有するものもあるようです。

但し、人種差別につながるような制限とならないよう注意が必要です。

第7-3 マンション民泊だから、気になる！

〈特区法と新法の併存〉

Q118 特区との関係について、たとえば101号室が特区法、102号室が民泊新法に基づく届出をして営業するなど、1棟の建物で別々の部屋が根拠法の異なる事業をしてもよいのでしょうか。

A 新法において「特区法に基づく営業をしている場合は除く」等の規制をしてないため、1棟の建物の中で、新法で営業する住戸と特区法で営業する住戸の並存はありえます。

ただし、特区法に基づく届け出等の手続が必要になります。

〈ゲストルームでの民泊〉

Q119 ゲストルームで民泊をすることはできますか。

A まず、ゲストルーム利用方法として総会決議をとり、決議後管理組合が住宅宿泊事業者の届出をすれば可能です。なお、共用部分の利用方法は本来普通決議ですが、住居での民泊の許諾を管理規約で規定することからすると、特別決議とすべきとも考えられます。使用細則も整えるべきです。

休前日、休日、お盆や年末年始以外の居住者が利用しない平日に限って住宅宿泊事業として運用するなどといった運用も可能でしょう。外国人宿泊者に、交流イベントに参加してもらうなど、コミュニティ作りに活用することを検討しているマンションもあるようです。

民泊利用する際の使用細則はWeb付録No.10を参照ください。

〈管理規約・使用細則〉

Q120 管理規約・使用細則はどのように作ればよいでしょうか。

A 国土交通省から、標準管理規約及びコメントが公表されていますので参照ください。家主居住型に限定する案や、民泊実施の可否を使用細則に委ねる（過半数で決する）案、民泊実施のみでなく広告掲載も禁止する案など、いくつかの案が提示されています。

http://www.mlit.go.jp/jutakukentiku/house/jutakukentiku_house_tk5_000052.html

また、標準管理規約より詳細に規定した規約及び使用細則（届け出書、誓約書等の様式入り）を付Web録No.11〜12として添付しました。

組合の立ち入り権や報告義務、苦情処理義務等の定め、宿泊者の共用部分使用ルール（宅配ボックス、郵便ポスト、集会室、フィットネスルーム、自転車置き場、駐車場、フロントのクリーニング取次サービス等）等必要に応じて追加してご使用ください。

民泊禁止の掲示文（日本語、英語、中国語）もWeb付録No.9に添付しましたので、参照ください。

〈管理費の増額徴収の可否〉

Q121 民泊を行う部屋に対しては、ゴミの捨て方、禁煙ルール等の案内（英文表示含む）等の対応や、届出等の事務処理等の業務で手間がかかることもあるので、管理費にプラスして特別管理費を徴収することはできますか。

A 合理的な金額であれば可能です。

管理費は原則は持分割合に応じますが（区分所有法19条）、持分割合以外の要素を加味することも可能で、規約又は集会決議により定めることができます。もっとも、その程度が合理的限度を超えれば、規約や決議は無効となります。また、標準管理規約のコメントでは、使用頻度を負担割合に勘案しないこととしています。

居住部分と店舗部分の管理費の基準が異なる例や、外部区分所有者は理事にならない、総会議案書、議事録の発送に郵送料がかかるなどの理由で管理費に上乗せして請求している例があります。

同様に、外国語対応やキーボックスの取り付けが必要など共用部分の利用が他の居住者と異なることを理由に特別管理費を徴収することは可能と考えられます。

〈民泊可から禁止への管理規約変更〉

Q122 住宅宿泊事業を許可する管理規約を作成しましたが、やはり規約を守らない宿泊者が多いため住宅宿泊事業を禁止する管理規約に改正したいと思います。この場合、すでに事業を行っていた区分所有者等は、「特別の影響をうける区分所有者」に該当するのでしょうか。

A 以下のように双方の考え方があると考えられ、今後の判例等で明らかにされていくことと考えられます。

① 該当する方向の根拠

最判平9.3.27（判タ947号204頁）

「すでに専有部分において店舗営業を行っている区分所有者がいる場合に、その専有部分を住居専用として店舗営業を禁ずる規約を設定することは、区分所有者に対して特別の影響を及ぼす」

② 該当しない方向の考え方

規約を守らない宿泊者が多いため、という事実が前提であれば規約の改正に合理的理由があり、かつ民泊は、特定の区分所有者でなく、どの区分所有者も営業できる可能性があり、特定の者をターゲットにした規約改正とはいえない。

〈管理規約と民泊の関係〉

Q123 管理規約と民泊の関係について、
① 規約で民泊を禁止又は規制できますか。
② 規約で禁止されていないときは、民泊をすることは問題ないと考えてよいのでしょうか。

A ① 建物の管理又は使用に関する区分所有者相互間の事項は、規約で定めることができます（区分所有法30条1項）。

専有部分は、本来区分所有者自らがその管理や使用を意のままに行える対象ですが、規約にて、使用方法の制限など区分所有者間相互の調整を図る規定に限り効力が認められます。

民泊については、法律で特別に認める使用方法であり、利用形態から区分所有者間相互の調整が必要な事項といえ、規約で規定することができると考えられます。

② 新法その他法令の規定を守ることが前提条件ですが、規約で禁止されていない以上、組合や他の区分所有者が法的に民泊禁止を要請することは難しいと考えられます。

都道府県等は、住宅宿泊事業の届出の際に民泊を禁止する旨の管理規約がない旨を確認します。さらに規約の改正が一定の期間を要するため明確に規定されていない場合には、総会・理事会決議を含め管理組合として民泊を禁止する方針が決定されていないことについて、届出の際、確認します。

〈違法民泊への対応〉

Q124 違法な民泊サービスを見つけたらどうしたらよいでしょうか。

A 　まずは、マンションの管理組合や理事会が事業者に対して中止や是正を求めることになるでしょう。しかしどうしても対応して貰えない場合は、行政に相談することも考えられます。

　監督官庁の窓口は色々考えられますが、行政も、消防、保健所、衛星部局、建築部局等が連携して対応に当たっているので、まずは相談しやすい窓口に行ってみましょう。各省庁から都道府県には、宿泊サービスに係わる関係法令順守に向けた連携体制の構築の要請の通達が出されており（平成29年3月17日　生食衛発0317第1号、消防予第63号、国住指第4339号、観観産第818号）、民泊に関する苦情窓口も設置される予定です（**Q111**（P.224）参照）。

〈特区民泊の注意点〉

Q125 マンションでの特区民泊についての注意点はありますか。

A 特区民泊においては、平成28年10月28日の改正後の国家戦略特区法施行令により、事業予定者の予め周辺住民への適切な説明の実施、苦情及び問合せの適切かつ迅速な処理等の手続が法定されているため、認定前に管理組合が当該マンションの住戸で実施見込みがあることが認知できるようになっています。

国土交通省の通知「特区民泊の円滑な普及に向けたマンション管理組合等への情報提供について」（住宅局長通知　平成28年11月11日　国住マ第39号　国住賃第22号）において、規約の改正案等が公表され、民泊についての方針を、できるだけ管理規約で明示することが望ましいとしています。住宅宿泊事業法の民泊とは異なることから、管理規約の規定も別に定めることになります。

なお、特区民泊は新法による民泊とは異なりますから、180日制限や、住宅宿泊管理業者への委託義務付け等の規制の適用はないことになります。

◆◆執筆者一覧◆◆

犬 塚　　浩
　（弁護士・京橋法律事務所）

永 盛　雅 子
　（弁護士・株式会社ザイマックス法務部）

和久田　玲 子
　（弁護士・T&Tパートナーズ法律事務所）

吉 田　可保里
　（弁護士・一級建築士・T&Tパートナーズ法律事務所）

久 保　依 子
　（大和ライフネクスト株式会社マンション事業部管理企画部部長）

（肩書は執筆時現在）

マンション管理のトラブル解決 Q&A
―改正マンション標準管理規約・民泊新法　対応―

平成30年2月15日　第1刷発行
平成30年5月1日　第2刷発行

共　著　犬塚浩／永盛雅子／和久田玲子
　　　　吉田可保里／久保依子

発　行　株式会社 ぎょうせい

〒136-8575　東京都江東区新木場1-18-11
電話　編集　03-6892-6508
　　　営業　03-6892-6666
　　　フリーコール　0120-953-431
URL: https://gyosei.jp

〈検印省略〉

©2018 Printed in Japan

印刷　ぎょうせいデジタル㈱
※乱丁・落丁本はお取り替えいたします。

ISBN978-4-324-10404-0
(5108376-00-000)
〔略号：マンション管理〕